한 그릇 싹~ 비우는
서현이네 유아식

한 그릇 싹~ 비우는

서현이네 유아식

한온유 지음

베가북스

프롤로그

아이와 함께하는 식사 시간이 늘 즐겁고 행복하길 바랍니다.

2019년 7월 『세상 편한 서현이네 유아식판식』을 쓴지 어느덧 1년이 지났어요. 참 많은 독자분에게 사랑을 받았고, 그 사랑에 보답하기 위해 인스타그램에 꾸준히 유아식 레시피와 여러 정보들을 공유해왔죠.

그 사이 서현이가 성장했고 그만큼 더 맛있는 레시피를 모아 두 번째 책을 만들게 되었어요. 서현이네 책에 큰 관심을 가져주시고 공감해주셔서 다시 한번 감사드리고 저의 책으로 인해 많은 아이들과 가족의 식사 시간이 행복해졌으면 좋겠습니다.

이번 책은 이전 책에서 다뤘던 식판식과는 달리 한 끼 식사로도 충분한 한 그릇 유아식, 국 그리고 반찬으로 구성해서 개별적인 레시피를 풀어낸 책이에요. 유아식에 어느 정도 적응했고 간을 시작한 아이들에게 딱 좋은 레시피를 위주로 담았어요. 여러 가지 반찬을 준비하기에 아직 익숙하지 않은 요리 초보자분들이나 식판식을 준비하기에 시간적 여유가 마땅치 않은 분들이 쉽게 따라 할 수 있을 만큼 간단하지만, 맛도 놓치지 않고 아이들에게 꼭 필

요한 영양은 가득 채운 레시피랍니다. 거기에 그동안 제가 경험하고 배운 몇 가지 유아식 관련 육아 노하우도 더했답니다.

아이에게 좋은 것을 먹이고 싶고 아이가 건강하게 자라기를 바라는 것은 모든 부모가 같은 마음이라고 생각해요. 유아식을 처음 시작할 때는 뭘 먹여야 할지, 얼마나 먹여야 할지부터 시작해서 정말 어려운 문제들이 바로 닥치기 마련이죠. 고민 끝에 정성껏 만들었는데 아이가 뱉어내고 장난치고 안 먹고 울고 이런 힘든 과정도 있겠지만, 같이 노력하고 잘 해내자는 마음으로 책을 한 번 더 만들었어요.

오늘도 주방에서 고군분투하고 있을 모든 엄마, 아빠들이 서현이와 제가 겪었던 여러 어려움과 시행착오를 잘 이겨냈으면 좋겠습니다.

그럼 지금부터 맛있고 건강한 유아식, 서현이네와 함께 시작해볼까요?

목차

프롤로그	4
목차	6
책 200% 활용법	10

 **Part 1 유아식 시작하기**

올바른 식습관 형성 가이드	14
아이가 편식을 하기 시작했다?	16
영양 관리 어떻게 할까?	19
양치 전쟁에서 승리하기	20
유아식의 시작은 재료부터	22
기본 육수와 조미료	27
도구 준비하기	30

 Part 2 정성가득 영양만점! 한 그릇 유아식

 밥

돼지고기가지밥	35	양배추게살덮밥	52
무채굴밥	36	오징어덮밥	54
야채톳밥	37	소고기완자덮밥	56
명란달걀볶음밥	38	시금치연어리소토	57
백김치햄볶음밥	40	소고기비트카레덮밥	58
새우감자볶음밥	41	시금치닭안심카레덮밥	60
소고기카레볶음밥	42	톳새우카레덮밥	62
소고기콩나물볶음밥	43	소고기아보카도김밥	64
어묵달걀볶음밥	44	새우부추밥전	66
전복버터김볶음밥	46	소고기야채밥전	67
가지덮밥	47	참치깻잎밥전	68
소고기방울양배추덮밥	48	오징어표고버섯밥전	70
소고기양송이덮밥	50	검은깨고구마죽	71

Part 3 아이입맛 맞춤! 든든한 국 & 탕

달걀야채죽	72
소고기단호박죽	74
황태두부미역죽	76

국수

두부콩국수	79
감자들깨칼국수	80
멸치칼국수	81
바지락칼국수	82
소고기볶음국수	84

가자미맑은국	88	새우청경채맑은국	109
가자미미역국	90	소고기감잣국	110
감자크림수프	92	소고기배추들깨된장국	112
달걀감잣국	93	소고기전복미역국	114
닭고기부추들깨탕	94	소고기콩나물국	116
닭곰탕	96	순두부굴국	118
닭백숙	98	소고기근대된장국	120
돼지고기순두붓국	100	애호박새우젓국	121
무채콩가루된장국	101	어묵콩나물국	122
매생이굴떡국	102	콩비지국	123
명란두붓국	104	팽이버섯아욱된장국	124
배추어묵국	106	홍합미역국	125
새우뭇국	107	황태감잣국	126
새우완자달걀국	108		

 **Part 4 편식 걱정 끝! 맛있고 건강한 반찬 & 간식**

무침

감자달걀샐러드	131
숙주나물무침	132
청포묵김무침	133
오이새콤무침	134
톳두부무침	136

볶음

가지볶음	138
건새우볶음	140
김볶음	142
느타리버섯볶음	143
단호박크림떡볶이	144
닭다리살야채볶음	146
당근볶음	148
돼지고기된장볶음	149
돼지고기당면볶음	150
돼지고기숙주볶음	152
돼지불고기	154
무나물	155
부추햄달걀볶음	156
브로콜리들깨볶음	158
브로콜리마늘볶음	160
브로콜리맛살두부볶음	161
소고기애호박들깨볶음	162
소고기찹스테이크	163
애호박새우젓볶음	164
양배추햄볶음	166
양배추볶음	168
양송이청경채볶음	169
어묵볶음	170
오징어볶음	172
간장진미채볶음	174
캐슈너트멸치볶음	176
파프리카새송이버섯볶음	178
표고버섯들깨볶음	179
햄어묵케첩볶음	180

구이

간장닭꼬치	182
관자버터구이	184
닭봉갈릭버터구이	186
함박스테이크	188

조림

고등어조림	191
감자양파조림	192
고구마간장찜닭	194
닭날개조림	196
닭날개카레조림	198
당근조림	199
메추리알조림	200
무조림	201
밤단호박조림	202
삼치조림	204
소고기두부조림	206
새송이버섯버터간장조림	208
연근조림	209
양송이간장조림	210

전

가지전	213
게살야채전	214
고구마단호박찹쌀전	216
닭안심동그랑땡	218

두부새우전	220
새우미역전	222
브로콜리옥수수전	224
소고기육전	225
소고기연근전	226
쑥갓전	228
야채달걀말이	230
애호박전	232
오징어감자전	233
청경채달걀말이	234
치즈감자채전	236
참치야채전	238
햄야채전	239
홍합매생이전	240

당근달걀찜	243
돼지등갈비찜	244
소고기두부완자	246
새우오징어완자	248
순두부달걀찜	249
치즈달걀단호박찜	250

가자미탕수어	252
감자크로켓	254
두부강정	256
두부인절미	257
레몬크림새우	258
배추롤까스	260
새우오징어완자튀김	262
연근칩	263
치킨너겟	264
해시브라운	266

에필로그	267

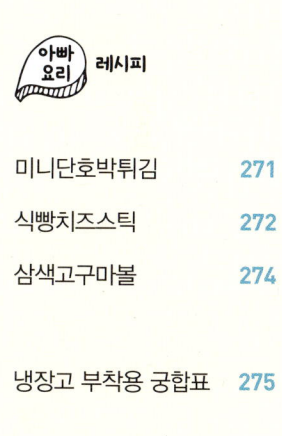

미니단호박튀김	271
식빵치즈스틱	272
삼색고구마볼	274
냉장고 부착용 궁합표	275

Index 가나다순	280
Index 재료별	283

책 200% 활용법

초보맘을 위한 유아식 기초 정보와 서현맘의 노하우 제공

올바른 식습관 형성 가이드부터 편식 대처 방법과 아이의 치아 관리를 위한 정보 등 유아식 관련 육아 노하우를 담았어요. 거기에 재료별 손질법과 보관법, 기본 육수와 조미료 안내 등 초보 주부들에게 꼭 필요한 정보를 알기 쉽게 설명했어요!

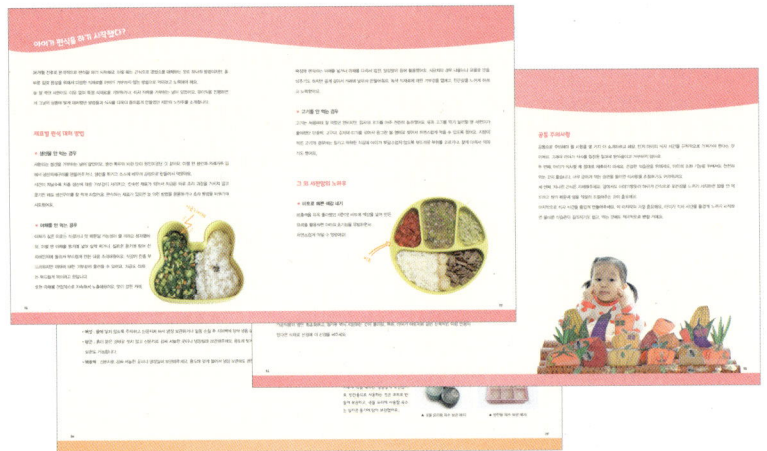

쉽고 친절한 레시피와 서현이네 꿀팁!

초보 엄마도 바로 따라 할 수 있는 이해하기 쉬운 과정 설명

친절한 재료 안내와 서현이네 기준 식사량 제공

알짜 정보가 가득한 서현이네 꿀팁 수록

서현맘의 특급 인덱스 & 냉장고 부착용 식재료 궁합표

가나다순 인덱스뿐만 아니라 재료를 기준으로 정리한 인덱스를 제공해요. 덕분에 재료를 기준으로 메뉴를 구성하기 수월해요. 냉장고 부착용 궁합표와 함께 참고하면 편식 걱정 끝! 잘 어울리는 식재료끼리 조합하면 영양면에서 탄탄하게 식단을 구성할 수 있어요!

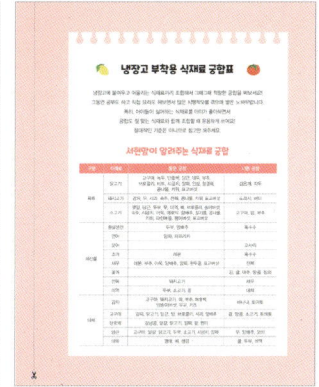

레시피 가이드

이번 책은 생후 12개월부터 60개월까지 고루 먹을 수 있는 레시피를 수록했어요. 다만, 초기 유아식을 하고 있거나, 최소한의 간이 된 요리도 시작하지 않은 아이들에게는 자극적일 수도 있으니 양념이나 간을 적절히 조절해서 먹이는 걸 추천해요. 간을 조절할 때에는 양념의 비율은 지켜주되, 양만 줄여주세요. 닭고기나 돼지고기 잡내 제거용으로 사용하는 후추도 생략해도 괜찮습니다. 햄과 같은 가공식품은 첨가물이 없는 제품을 위주로 사용했으니 참고해주세요.

몇몇 요리는 알레르기를 유발할 수 있는 식재료를 포함하고 있어요. 식품 알레르기란 일반인에게는 무해한 식품을 특정인이 섭취하였을 때 해당 식품에 대해 두드러기, 가려움 등 과도한 면역 반응이 일어나는 것을 말해요. 식품의약품안전처에서는 한국인에게 알레르기를 유발할 수 있는 물질을 [식품 등의 표시기준]에 21가지를 지정하여 관리하고 있어요.

메밀	난류	고등어
밀	우유	갑각류
대두	소고기	오징어
견과류	돼지고기	조개류
복숭아	닭고기	굴, 전복, 홍합
토마토	갑각류	아황산 포함 식품

출처 : 식품의약품안전처

알레르기를 유발할 수 있는 식품을 꼭 확인해서 아이들이 처음 섭취할 때에는 각별히 주의해주세요. 또한 식재료를 구입할 때에도 알레르기 유발 식품 표시사항과 제조시설을 꼭 확인한 뒤에 구입하시길 바라요.
식품의약품안전처에 따르면 알레르기 유발 가능 식품이라고 해서 전문의의 정확한 진단 없이 임의로 식품을 제한해서는 안 된다고 하니, 알레르기 증상이 있는 경우에는 꼭 병원에 내원하여 전문의에게 진단을 받으시길 추천해요.

유아식 시작하기

올바른 식습관 형성 가이드

12개월 ~ 18개월

이유식에서 유아식으로 넘어가는 시기라고 할 수 있어요. 밥, 반찬, 국 등으로 구성된 식사를 할 수 있습니다. 다만, 요리의 간은 거의 하지 않아요. 18개월 전후로 아이들의 활동량이 급격히 늘어나기 때문에 충분한 열량을 섭취할 수 있도록 하루에 2번 정도 간식을 주는 것이 좋아요. 삶은 옥수수, 오이, 양배추, 브로콜리 등 채소로 만드는 간식이 좋습니다. (간식을 너무 많이 주게 되면 포만감을 느껴 밥을 안 먹을 수 있으니 주의하세요!)

19개월 ~ 36개월

견과류 또는 등 푸른 생선이 두뇌 발달에 좋기 때문에 이를 활용한 반찬이나 간식이 아이들에게 좋아요. 그리고 이 시기는 아이가 선호하는 음식이 결정되는 중요한 시기죠. 아이가 단맛, 짠맛, 매운맛 등 여러 맛을 경험하고 적응하면서 편식하지 않도록 잘 조절해주는 것이 무엇보다 중요해요.

36개월 전후로는 아이의 미각이 완성되고 식욕도 왕성해져요. 자극적인 맛에 길들이지 않도록 주의하세요. 시중에 파는 간식거리나 음식이 아이의 입맛을 망칠 수 있어요. 간식으로는 자극적이지 않은 빵이나 간단한 전, 또는 야채나 견과류 위주의 음식이 좋아요.

36개월 ~ 60개월

두뇌활동이 급격하게 활성화되고, 어른에 가까운 식성을 가져요. 선호하는 음식도 뚜렷해지고 본격적으로 편식을 하는 시기예요. 아이가 음식을 지나치게 거부할 경우에는 강압적인 방법을 써 억지로 먹이기보다는 간식으로 영양소를 대체하는 것도 좋은 방법이에요. 식습관만큼 부모와 아이의 유대감을 형성하는 것이 중요한 시기이기 때문이죠.

가공식품의 양은 최소화하고, 밀가루 역시 지양하는 것이 좋아요. 특히, 아이가 아토피와 같은 신체적인 이상 반응이 있다면 식재료 선정에 더 신경을 써주세요.

공통 주의사항

공통으로 주의해야 할 사항을 몇 가지 더 소개하려고 해요. 먼저 아이의 식사 시간을 규칙적으로 가져가야 한다는 것이에요. 그래야 아이가 식사를 일정한 일과로 받아들이고 거부하지 않아요.

두 번째, 아이가 식사할 때 절대로 재촉하지 마세요. 건강한 식습관을 위해서도, 아이의 소화 기능을 위해서도 천천히 먹는 것이 좋습니다. 너무 급하게 먹는 습관을 들이면 식사량을 조절하기도 어려워져요.

세 번째, 지나친 간식은 자제해주세요. 앞에서도 이야기했듯이 아이가 간식으로 포만감을 느끼기 시작하면 밥을 안 먹으려고 하기 때문에 양을 적절히 조절해주는 것이 중요해요.

마지막으로 식사 시간을 즐겁게 만들어주세요. 이 마지막이 가장 중요해요. 아이가 식사 시간을 즐겁게 느끼기 시작하면 올바른 식습관이 길러지기도 쉽고, 먹는 것에도 적극적으로 변할 거예요.

아이가 편식을 하기 시작했다?

36개월 전후로 본격적으로 편식을 하기 시작해요. 이럴 때는 간식으로 영양소를 대체하는 것도 하나의 방법이지만, 올바른 입맛 형성을 위해서 다양한 식재료를 아이가 거부하지 않는 방법으로 먹이려고 노력해야 해요.

늘 잘 먹던 서현이도 이유 없이 특정 식재료를 거부하거나, 식사 자체를 거부하는 날이 있었어요. 유아식을 진행하면서 그날의 상황에 맞게 대처했던 방법들과 식사를 더욱더 흥미롭게 만들었던 저만의 노하우를 소개합니다.

재료별 편식 대처 방법

■ **생선을 안 먹는 경우**

서현이는 생선을 거부하는 날이 많았어요. 생선 특유의 비린 맛이 원인이었던 것 같아요. 이럴 땐 생선에 카레가루 입혀서 생선카레구이를 만들어주거나, 생선을 튀기고 소스에 버무려 강정으로 만들어서 먹였어요.

시간이 지날수록 차츰 생선에 대한 거부감이 사라지고, 친숙한 재료가 되어서 지금은 따로 조리 과정을 거치지 않고 굽기만 해도 생선구이를 잘 먹게 되었어요. 편식하는 재료가 있으면 늘 이런 방법을 응용하거나 조리 방법을 바꿔가며 시도했어요.

■ **야채를 안 먹는 경우**

야채가 싫은 이유는 식감이나 맛 때문일 가능성이 클 거라고 생각했어요. 이럴 땐 야채를 찜기에 넣어 살짝 찌거나, 실리콘 용기에 담아 전자레인지에 돌려서 부드럽게 만든 다음 조리해줬어요. 식감이 한층 부드러워지면 야채에 대한 거부감이 줄어들 수 있어요. 지금도 야채는 부드럽게 먹이려고 한답니다.

또한 야채를 간접적으로 지속해서 노출해줬어요. 맛이 강한 카레,

시금치카레

짜장에 편식하는 야채를 넣거나 야채를 다져서 밥전, 달걀말이 등에 활용했어요. 시금치의 경우 나물이나 국물로 만들어주기도 하지만 곱게 갈아서 카레에 넣어서 만들어줘요. 녹색 식재료에 대한 거부감을 없애고, 친근감을 느끼게 하려고 노력했어요.

■ 고기를 안 먹는 경우

고기는 처음부터 잘 먹었던 편이지만, 입자의 크기를 아주 천천히 늘려줬어요. 유독 고기를 먹기 싫어할 땐 서현이가 좋아했던 단호박, 고구마, 감자에 고기를 섞어서 동그란 볼 형태로 빚어서 자연스럽게 먹을 수 있도록 했어요. 지방이 적은 고기의 경우에는 질기고 퍽퍽한 식감에 아이가 부담스럽지 않도록 부드러운 부위를 고르거나, 잘게 다져서 먹이기도 했어요.

그 외 서현맘의 노하우

■ 비트로 예쁜 색감 내기

분홍색을 유독 좋아했던 서현이! 비트에 색감을 넣어 만든 요리를 활용하면 아이의 호기심을 유발하면서 자연스럽게 먹일 수 있었어요!

■ **쿠키틀로 다양한 모양내기**

보기 좋은 떡이 맛도 좋은 것처럼, 식사 시간에 흥미를 잃지 않도록 음식을 예쁘게 꾸며주려고 열심히 노력했어요. 치즈, 찐 당근, 달걀 지단 등등 쿠키틀로 찍어낼 수 있는 재료들을 찍어서 예쁘게 데코해주면 식사 시간이 더욱 더 즐거워졌답니다.

쿠키틀 활용

■ **캐릭터 도시락으로 흥미 유발하기**

요리하는 시간에 여유가 조금 있을 때는 아기자기한 캐릭터를 만들어줬어요. 싫어하는 식재료라도 신나서 먹곤 하더라고요. 아이가 좋아하는 모습을 보면 분명 뿌듯할 거예요!

영양 관리 어떻게 할까?

아이 영양 관리 고민은 모든 엄마가 한 번씩은 하는 고민이라고 생각해요. 유아기에는 골격과 신체의 성장 발육은 물론이고 두뇌 발달까지 활발하게 이루어져요. 동시에 활동량과 에너지 소모량이 급격하게 늘어나서 균형 잡힌 영양 섭취가 필수적이에요. 저는 기본적으로 영양분 권장 섭취량을 참고하려고 노력해요. 하지만 집에서 정확하게 맞추는 것은 어렵더라고요.

■ 유아 연령별 영양분 권장 섭취량

연령	칼로리 kcal	단백질 g	비타민 C mg	비타민 B1 mg	비타민 B2 mg	나이아신 mgNE	비타민 B6 mg	엽산 μg	칼륨 mg	철분 mg	아연 mg
1~3세	1200	25	40	0.6	0.7	8	0.5	80	500	8	6
4~6세	1600	30	50	0.8	1	11	0.6	100	600	9	8
7~9세	1800	40	60	0.9	1.1	12	0.8	150	700	10	9

※위 표는 절대적인 수치가 아닌 권장 섭취량입니다.   자료출처 : 한국영양학회

그래서 밥, 육류, 야채를 위주로 균형을 맞춰요. 이렇게만 균형을 맞춰도 영양소를 어느 정도 골고루 섭취할 수 있어요. 한 가지 특히 중요하게 생각하는 게 있다면 철분 섭취예요! 철분 부족은 소아 빈혈을 유발할 수도 있고, 수면에도 좋지 않다고 해요. 반면에 풍부한 철분을 섭취하면 몸이 튼튼해지고 두뇌 발달에도 긍정적인 효과가 있다고 해요. 그래서 저는 아래의 철분 함유량표를 냉장고 부착용 궁합표(부록2)와 함께 보면서 식단을 구성해요.

■ 식재료별 철분 함유량 (mg/100g)

김	17.6	팥	5.2	연어	3.0	옥수수	2.0	완두콩	1.6	은행	1.0	배	0.2
참깨	16.0	조	5.0	부추	2.9	전복	2.0	브로콜리	1.5	오징어	0.9	오이	0.2
대합	15.6	잣	4.7	오리고기	2.7	참치	2.0	새우	1.5	양송이	0.6	흰밥	0.2
굴비	14.4	비지	4.6	두부	2.6	땅콩	1.9	감자	1.4	토마토	0.6	감	0.1
맛살	11.0	호박	4.1	시금치	2.6	소시지	1.9	명란젓	1.4	사과	0.5	양파	0.1
쇠간	10.1	표고버섯	4.0	버터	2.2	갈치	1.6	찹쌀	1.3	포도	0.5	우유	0.1
들깨	7.5	톳	3.9	밤	2.1	고등어	1.6	닭고기	1.2	귤	0.3		
노른자	6.5	굴	3.7	소고기	2.0	당근	1.6	식빵	1.2	양배추	0.3		
멸치	5.8	게	3.0	식물유	2.0	돼지고기	1.6	물미역	1.0	참외	0.3		

※위 표는 절대적인 수치가 아니므로 참고만 해주세요.

식사량에 대한 질문도 많이 받았어요. 서현이는 후기 이유식 때 한 끼로 200ml 정도를 먹었고, 제가 처음 유아식을 차려줄 때도 그것과 비슷하게 차려줬어요. 그러면서 서현이가 밥 먹는 속도가 느려지거나 지루해하는 때를 배부른 신호로 생각했어요. 잘 먹기 시작하면 한 숟가락씩 추가하면서 식사량을 조절했어요. 지금 서현이는 39개월인데 밥은 100g 정도를 먹고 반찬을 늘려주려고 노력하고 있어요. 밥은 기본적으로 80~100g 정도로 해주는 것이 균형 잡힌 탄수화물 섭취에 좋아요.

양치 전쟁에서 승리하기

많은 엄마들이 고민하고 걱정하는 게 바로 이 양치일 거예요. 저도 아직 종종 서현이와 양치전쟁을 치르고 있답니다. (웃음) 혹시라도 영구치가 아니라고 양치를 가볍게 넘기시는 분들이 있을까 봐 미리 조금 설명할게요.

유치는 우리 생각보다 아이와 오래 함께해요. 보통 12세~17세 사이에 영구치가 나오는데, 그때까지는 유치가 제 역할을 해줘야 해요. 영구치가 아니라고 소홀히 관리해선 안 되겠죠?
그리고 유치는 영구치가 올바르게 자리 잡는 데 큰 역할을 하는 것으로 알려져 있어요. 유치에 충치가 생기거나, 빠져버리면 다른 치아들까지도 영향을 받아서 위치가 변한다고 해요. 결국 영구치가 자리 잡아야 하는 시기에 길을 잃어 부정교합의 원인이 되기도 한답니다.

특히, 이유식 완료기를 지나 유아식을 시작하는 시기에는 다양한 식재료를 처음 접하기 때문에 더욱 꼼꼼하게 양치질을 해야 해요.

그럼 아이가 양치를 잘 할 수 있게 만들려면 어떻게 해야 할까요?
먼저, 식사 시간처럼 규칙적으로 양치 시간을 정하고 지켜주는 것이 중요해요. 아이가 고정된 일과로 양치를 받아들이면 자연스럽게 거부감이 줄어들어요.
두 번째로 양치 시간을 즐겁게 만들어줘야 해요. 양치 시간이 무섭고 괴로운 시간이 되어버리면 아이가 과도한 스트레스를 받을 수도 있고, 올바른 양치 습관을 형성하는 데 큰 어려움으로 작용하게 된답니다. 반면, 양치를 억지로 하는 일이 아닌 재밌는 놀이 중 하나로 생각하기 시작하면 굳이 강제하지 않아도 스스로 양치를 하려고 하게 되겠죠?
엄마와 아이 모두가 즐거운 양치 시간이 되기를 바라요!

서현이네 양치법

1. 유아용 칫솔에 치약을 살짝 짜주세요.

   Point 아이들 치약은 삼키더라도 안전한 천연 유기농 성분의 제품을 사용하는 것이 좋아요!

2. 윗니의 바깥쪽 표면–윗니의 안쪽 표면 순서대로 닦아주세요.

3. 아랫니는 안쪽 표면에서 바깥쪽 표면으로 닦아주세요.

   Point 음식물이 끼기 쉬운 치아의 윗부분을 최대한 깔끔하게 닦아주세요!

유아식의 시작은 재료부터

재료 손질하기

■ 돼지고기

돼지고기는 불포화지방산을 많이 함유하고 있어 나쁜 물질을 중화시켜 줘요. 그리고 다른 육류에 비해서 비타민B가 많아 활력 충전에도 도움을 준답니다. 유아식에는 주로 지방이 적은 등심 부위를 사용해요. 유아식 초기에는 다져서 활용하기도 한답니다. 구입 후 비계 부분이나 껍질, 힘줄 등을 칼로 제거한 다음 키친타월로 꾹꾹 눌러 핏물을 빼주세요.

■ 닭고기

닭고기는 단백질, 무기질 등이 풍부하고 다른 육류보다 비타민A 함유량이 많아서 면역력 증진에 아주 좋아요. 닭봉이나 닭다리살을 이용할 경우에는 칼집을 낸 뒤에 우유에 담가 잡내를 제거해주세요. 닭고기 안심은 가운데에 하얗고 질긴 힘줄을 제거하고 요리해야 해요. 힘줄 끝부분을 잡고 살 부위를 칼로 긁어주면 편하게 제거할 수 있어요. 유아식에서는 퍽퍽한 가슴살보다는 부드러운 안심 부위를 주로 사용해요.

■ 소고기

소고기는 성장에 필요한 철분을 많이 함유하고 있어요. 그리고 단백질과 아미노산 함량이 높아 성장기의 아이는 물론

성인의 근력 향상에도 도움을 줘요. 이 때문에 유아식에서 가장 많이 사용하는 육류 중 단연 으뜸이에요. 지방과 살코기가 적절하게 섞여 있는 등심이나 지방이 적고 육질이 부드러운 안심을 주로 사용해요. 요리 전에 반드시 물에 담가 핏물을 제거해야 해요. 그렇지 않으면 소고기 특유의 잡내가 남아서 아이가 거부할 수도 있어요.

■ 생선

생선은 소금을 치지 않아도 짠맛이 있어요. 유아식으로 요리할 때는 이러한 염분기와 가시에 항상 주의해야 해요. 아주 작은 가시라도 아이에게는 큰 위험이 될 수 있으니 각별히 신경 써주세요. 머리와 내장을 꼼꼼하게 제거한 다음 생선 가시를 모두 발라주세요.

■ 새우

새우는 타우린과 칼슘이 풍부해 성장기 아이에게 특히 좋은 식재료에요. 몸이 투명하게 보이고 껍질이 단단해 보이는 것이 싱싱한 새우예요. 먼저 흐르는 물에 헹구면서 머리를 떼어내고 껍질을 벗겨주세요. 이쑤시개를 이용해서 배와 등 쪽에 있는 기다란 내장을 제거해주세요. 내장을 깔끔히 제거하지 않으면 비린내의 원인이 되므로 반드시 깔끔하게 손질해주세요.

■ 오징어

오징어는 해산물 중에서 단백질 함유량이 가장 많고 타우린도 많이 들어 있어요. 하지만 염분기가 있고 질기기도 해서 아이에게 한 번에 많은 양을 요리해주는 것은 추천하지 않아요. 내장을 빼내고 껍질을 벗겨 물에 깨끗이 헹궈주세요. 요리에 맞게 손질하고 다져서 냉동 보관해도 괜찮아요.

■ 야채

유아식에는 한 번에 많은 양의 야채를 사용하지 않기 때문에 조금씩 자주 구입해서 신선한 요리를 해주는 것이 중요해요. 흐르는 물에 잘 씻어서 썩었거나 상처가 난 부분과 껍질을 깔끔하게 제거해주세요. 껍질을 벗기기 전에 식초물이나 베이킹소다를 탄 물에 잠시 담가 놓으면 농약이나 기타 세균을 없앨 수 있어요.

야채 써는 법

좋은 재료를 고르고 손질하는 것만큼 재료에 따라, 음식에 따라 알맞게 써는 일도 중요해요. 야채를 써는 여러 가지 방법에 대해서 간단하게 알아볼까요?

채썰기 : 원형이나 어슷하게 썬 재료를 일정 간격으로 가늘게 썰어주세요. 볶음, 무침 등에 사용됩니다.

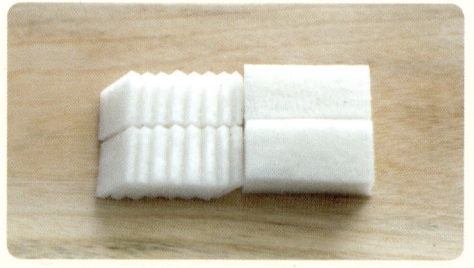

나박썰기 : 재료를 네모 모양으로 길게 썬 뒤, 얇게 한 번 더 썰어주세요. 뭇국, 나박김치 등에 사용됩니다.

다지기 : 가늘게 채 썬 재료를 다시 한번 작게 썰어주세요. 볶음밥, 달걀말이, 양념장에 사용됩니다.

깍둑썰기 : 가로와 세로의 길이가 같도록 네모반듯하게 썰어주세요. 카레, 두부강정, 마파두부, 깍두기 등에 사용됩니다.

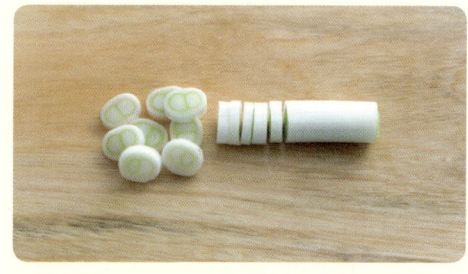

반달썰기 : 재료를 세로로 반을 자른 뒤, 가로로 일정하게 썰어주세요. 찌개, 볶음류에 사용됩니다.

원형썰기 : 재료의 둥근 모양 그대로 일정하게 썰어주세요. 대파, 오이무침, 호박전 등에 사용됩니다.

재료 보관하기

- **육류**

• **소고기** : 소고기는 냉장 보관으로 보통 2~3일, 최대 5일을 넘기지 말아야 해요. 냉동 보관은 최대 6개월이 적정 보관 기간입니다.

- **돼지고기** : 냉장 보관 시 2일 이내 먹는 것이 좋고, 썰어서 오래 두면 육즙이 빠져나와 맛이 없어지고, 신선도가 떨어져요. 냉동보관은 최대 6개월이 적정 보관 기간입니다.
- **닭고기** : 닭고기는 소고기나 돼지고기보다 더 쉽게 상해요. 구매 즉시 바로 조리해 먹는 것이 가장 좋고 구입 당일이나 바로 다음 날 먹을 것이 아니라면 냉동 보관하는 것이 좋아요. 냉동 보관 시 지퍼백이나 랩에 잘 감싸서 보관하고 한 달을 넘기지 않는 것이 좋습니다.

■ 야채

- **양파** : 통풍이 잘되고 직사광선을 피해 서늘한 곳에 보관해주세요.
- **감자** : 통풍이 잘되고 직사광선을 피해 서늘한 곳에 보관해주세요.
- **무** : 윗부분을 자른 뒤 신문지로 감싸 서늘한 곳이나 냉장실에 보관해주세요. 소분해서 냉장 보관해도 괜찮습니다.
- **오이** : 소금으로 표면을 문질러 씻은 다음 물기를 제거한 뒤, 신문지에 감싸 냉장 보관해주세요.
- **파** : 흙을 털고 깨끗하게 세척한 다음 물기를 제거한 뒤, 밀폐 용기에 보관해주세요. 용도에 맞게 썰어서 냉동 보관해도 괜찮습니다.
- **버섯** : 물에 닿지 않도록 주의하고 신문지에 싸서 냉장 보관하거나 밑동 손질 후 지퍼백에 담아 냉동 보관해주세요.
- **당근** : 흙이 묻은 상태로 씻지 않고 신문지로 감싸 서늘한 곳이나 냉장실에 보관해주세요. 용도에 맞게 썰어서 냉장 보관도 가능합니다.
- **애호박** : 신문지로 감싸 서늘한 곳이나 냉장실에 보관해주세요. 용도에 맞게 썰어서 냉장 보관해도 괜찮습니다.

기본 육수와 조미료

육수

무염·저염식을 시작할 무렵에는 야채육수를 사용하면서 고소하게 단맛을 내는 육수를 사용했고, 음식에 간을 시작하면서부터는 멸치다시마육수를 사용하면서 감칠맛을 더했어요. 유아식에는 소금, 간장, 설탕 등의 조미료를 최소화하려고 하다 보니 건강하게 맛을 낼 수 있는 육수를 필수로 사용하고 있어요.

■ 멸치다시마육수

재료 : 멸치 80g, 다시마 20g, 물 3L

1 멸치의 내장을 제거해줍니다. (머리는 버리지 않습니다)
2 다시마의 겉면에 묻은 이물질을 젖은 면포로 닦아주세요.
3 달궈진 팬에 손질한 멸치를 넣고 타지 않게 볶아서 수분을 날려줍니다.
4 냄비에 물 3L를 담고, 다시마를 넣은 다음 30분간 그대로 우려주세요.
5 4에 멸치를 넣고 끓여줍니다. (이때 물이 끓으면 다시마를 건져주세요)
6 강불에 30분, 중불에 30분간 끓여주세요.
7 육수가 완성되면 체에 밭쳐 재료들을 건져내고 맑은 육수만 사용합니다.

육수 보관 Tip

육수는 완성 후 3일 안에 먹을 수 있는 것은 유리병에 담아 냉장 보관했고, 그 이후에 먹일 육수는 냉동실에 보관했어요. 반찬용으로 사용하는 것은 큐브로 만들어 보관하고, 국물 요리에 사용할 육수는 실리콘 용기에 담아 보관했어요.

▲ 국물 요리용 육수 보관 예시

▲ 반찬용 육수 보관 예시

조미료

보통 유아식은 간을 최소화하는 것이 일반적이지만, 앞서 설명했듯이 이번 책에는 무염·저염식보다 조금은 더 간을 해서 아이들이 맛있게 먹을 수 있게 했어요. 이번 책에서 사용한 기본 조미료에 대해 간단히 알아볼까요?

- **간장**

간장은 나트륨을 굉장히 많이 포함하고 있는 조미료예요. 유아식에 사용할 때는 아기용 간장을 사용하는 것을 추천해요. 아기용 간장도 최대한 소량만 넣어주세요. 보통 조림이나 국, 덮밥, 찜 요리를 할 때 주로 사용해요.

- **참기름**

유아식을 만들 때 고소한 맛을 더해주기 위해 사용하는 양념장 중 하나예요. 향을 풍부하게 해주고 감칠맛을 더해줘 음식의 풍미를 높여주지만, 많이 사용할 경우 아이가 소화하는데 무리가 갈 수 있어요.

- **소금**

아이들은 아직 신장 기능이 완전하지 않기 때문에 기본적으로 소금을 과다 섭취하지 않는 것이 좋아요. 첨가물이 들어있는 맛소금보다 천일염이나 구운 소금 또는 아기 소금을 사용하는 것을 추천해요.

■ 된장

된장은 주로 국을 끓이거나 나물을 무칠 때 사용해요. 일반 된장에는 나트륨이 많이 함유되어 있기 때문에 시중에서 판매되는 아기용 된장을 따로 구입해서 사용하는 것을 추천해요.

■ 올리고당

올리고당은 설탕보다 칼로리가 낮고 식이섬유가 들어가 있어 유아식에 더 최적화되어 있어요. 유산균 증식 작용을 도와주어서 변비 등을 막아주는 역할을 한다고 해요.

■ 굴소스

주로 볶음요리에 많이 들어가며, 요리의 감칠맛을 더하고 풍미를 높여주는 역할을 하는 조미료예요. 유아식에는 정말 소량만 사용하는 것을 추천해요. 기본적으로 소금 또는 간장에 절여서 만들기 때문에 아이에게는 자극적일 수 있어요.

도구 준비하기

계량하기

유아식은 양이 많거나 음식의 크기가 크지 않기 때문에 저는 일반적으로 어른요리에 쓰이는 국자나 뒤집개는 사용하지 않아요. 사이즈가 큰 어른 숟가락을 이용해서 국을 담고, 젓가락을 이용해서 밑반찬을 만들어요.

- **계량스푼**

1큰술 = 1T = 15ml(cc)

1작은술 = 1t = 5ml(cc)

1/2작은술 = 1/2t = 2.5ml(cc)

1/4작은술 = 1/4t = 1.25ml(cc)

- **계량컵**

1컵 = 1cup = 250ml

1/2컵 = 1/2cup = 125ml

1/3컵 = 1/3cup = 80ml

1/4컵 = 1/4cup = 60ml

- **주방저울**

요리 꾸미기

앞에서 언급했듯이 저는 요리를 꾸며 서현이의 흥미를 유발함으로써 편식에 대처하거나 아이가 식사를 거부하지 않고 식사 시간이 즐거워질 수 있도록 노력했어요. 그리고 그 노력을 위해 아래와 같은 도구들을 사용했답니다.

■ 쿠키틀

쿠키틀로는 주로 치즈, 찐 당근, 달걀지단 등을 찍어내서 요리에 올려줍니다. 당근을 싫어하는 서현이가 '꽃당근'이라고, 신기해하며 먹을 때는 정말 뿌듯해요.

쿠키틀 활용

■ 공예칼

공예칼을 사용하는 방법은 시간이 조금 걸려서 자주 사용하지는 못하지만, 서현이가 너무 좋아해서 자주 해주려고 노력하는 편이에요. 쿠키틀보다 더 원하는 모양을 낼 수 있어요. 김을 활용해서 글씨를 써줄 수도 있고요.

정성가득 영양만점!
한 그릇 유아식

돼지고기가지밥

저는 가지 특유의 식감과 맛을 좋아해서 서현이에게 자주 먹이고 있어요.
전, 무침, 볶음으로 만들어도 맛있지만 양념한 고기와 함께
맛있게 볶아서 밥에 얹어 먹으면 더욱더 맛있답니다~!

1. 돼지고기에 양념을 넣고 골고루 섞어준 뒤 30분간 재워주세요.
2. 파는 쫑쫑 썰고, 양파는 잘게 다져줍니다.
3. 가지는 먹기 좋은 크기로 썰어주세요.
4. 달궈진 팬에 기름을 두르고 파, 양파가 반투명하게 익을 때까지 볶아주세요.
5. 밑간한 돼지고기, 가지를 넣고 완전히 익을 때까지 볶아준 뒤, 밥 위에 얹어줍니다.

1회 먹을 수 있는 양

재료
☐ 가지 1/2개
☐ 돼지고기 60g
☐ 파 30g
☐ 양파 20g
☐ 밥 80~100g

양념
☐ 간장 2t
☐ 참기름 1/2t
☐ 맛술 1/2t
☐ 깨 1/2t
☐ 다진마늘 1/4t

PART 2. 한 그릇 유아식

무채굴밥

제철 식재료를 꼭 챙겨 먹는 서현이네!
탱글탱글 뽀얀 굴은 빠질 수 없는 식재료 중에 하나지요.
무와 굴을 넣어 바다의 향긋함과
시원한 단맛이 가득한 영양만점 맛있는 밥이랍니다.

1 굴을 깨끗이 씻어준 뒤, 체에 밭쳐 물기를 빼주세요.
2 무를 먹기 좋은 크기로 채 썰어줍니다.
3 쌀을 씻어 밥솥에 넣고 물을 붓습니다.
4 3 위에 굴, 무를 올리고 그대로 밥을 지어주세요.

서현이네 꿀팁! 간장, 참기름을 약간만 넣어서 골고루 비벼주면 더욱더 맛있답니다!

온 가족이 먹을 수 있는 양

재료
☐ 굴 200g
☐ 무 200g

밥 짓기
☐ 쌀 1½컵
☐ 물 1¼컵

야채톳밥

바다에서 나오는 톳은 영양가가 풍부한 식재료 중 하나예요.
야채와 함께 밥을 지으면 톳과 야채가 부드럽게 익어서 정말 맛있는 밥이 완성돼요!

1. 톳을 깨끗이 씻은 뒤, 끓는 물에 데쳐줍니다.
2. 데친 톳, 당근, 애호박을 먹기 좋은 크기로 썰어주세요.
3. 쌀을 씻어 밥솥에 넣고 물을 부어주세요.
4. 2를 올리고 골고루 섞은 뒤, 밥을 지어줍니다.

온 가족이 먹을 수 있는 양

재료
- 톳 30g
- 당근 40g
- 애호박 40g

밥 짓기
- 쌀 1½컵
- 물 1½컵

PART 2. 한 그릇 유아식

다소 밋밋할 수 있는 달걀볶음밥에 명란을 넣어 감칠맛을 더했어요.
첨가물이 없는 저염 명란젓을 사용하는 게 좋아요!

볶음밥

명란달걀볶음밥

1 파는 쫑쫑 썰고, 명란젓은 칼을 이용해 속만 긁어줍니다.

2 건새우를 믹서기에 곱게 갈아주세요.

3 볼에 달걀을 넣고 알끈을 제거한 뒤, 곱게 풀어줍니다.

4 달궈진 팬에 참기름을 두르고 파를 넣어 파기름을 내주세요.

5 파 향이 올라오면 달걀을 부어 스크램블에그를 만들어주세요.

6 달걀이 익어갈 때쯤 밥, 명란젓, 건새우가루를 넣고 골고루 볶아줍니다.

1회 먹을 수 있는 양

재료
☐ 명란젓 20g
☐ 파 20g
☐ 달걀 1개
☐ 밥 80~100g

양념
☐ 건새우가루 1t
☐ 참기름 약간

백김치햄볶음밥

저희 부부의 주말 아침 단골 메뉴는 햄을 가득 넣은 김치볶음밥이에요. 어느 날은 우리 서현이가 김치볶음밥에 들어있는 햄에 관심을 갖고 맛보고 싶어 했어요. 그때 맵지 않은 백김치와 첨가물 없는 햄으로 볶음밥을 뚝딱 만들어서 먹였답니다. 야채를 넣어서 영양을 더 챙겼어요!

1 햄, 백김치, 양파, 애호박, 당근을 먹기 좋은 크기로 잘게 썰어주세요.
2 달궈진 팬에 참기름을 두른 뒤 양파, 당근, 애호박을 넣고 볶아줍니다.
3 양파가 반투명하게 익으면 햄, 백김치를 넣고 볶아주세요.
4 재료들이 적절하게 익으면 밥을 넣고 골고루 섞어가며 다시 볶아줍니다.
5 소금으로 간을 맞춰주세요.

1회 먹을 수 있는 양

재료
☐ 햄 40g
☐ 백김치 20g
☐ 양파 10g
☐ 애호박 10g
☐ 당근 5g
☐ 밥 80~100g

양념
☐ 소금 약간
☐ 참기름 약간

PART 2. 한 그릇 유아식

새우감자볶음밥

밥하기 힘든 날은 냉장고에 있는 재료들을 털어서 볶음밥을 만들어 먹여요.
맛의 조화가 좋은 식재료들을 조합하여 만들어보다가
서현이 입맛에 딱 맞는 새우감자볶음밥을 만들게 되었답니다.

1. 새우는 머리, 껍질, 내장을 제거한 뒤, 살을 잘게 썰어주세요.
2. 양송이버섯, 감자, 양파를 먹기 좋은 크기로 썰어줍니다.
3. 달궈진 팬에 기름을 넉넉히 두르고 양파, 감자를 볶아주세요. 양파에 갈색빛이 나올 때까지 볶아줍니다.
4. 3에 양송이버섯, 새우살을 넣고 볶다가 새우가 익으면 밥을 넣고 골고루 섞어가며 볶아주세요.
5. 소금으로 간을 맞춰주세요.

1회 먹을 수 있는 양

재료
- □ 새우살 40g
- □ 감자 40g
- □ 양송이버섯 20g
- □ 양파 20g
- □ 밥 80~100g

양념
- □ 소금 약간

소고기카레볶음밥

카레를 좋아하는 서현이를 위해
카레가루가 들어가는 요리를 몇 가지 만들어봤어요.
그중 볶음밥을 가장 맛있게 잘 먹더라고요.
밥, 고기, 야채가 골고루 들어가서 한 끼 식사로 든든한 메뉴입니다.

1 소고기는 물에 담그거나 키친타월로 꾹꾹 눌러 핏물을 제거한 뒤, 먹기 좋은 크기로 썰어줍니다.

2 당근, 애호박, 양파를 먹기 좋은 크기로 썰어주세요.

3 달궈진 팬에 기름을 두르고 당근, 애호박, 양파를 넣고 볶아주세요.

4 야채가 익어갈 때쯤 소고기를 넣고 함께 볶아줍니다.

5 소고기가 익으면 밥, 카레가루를 넣고 골고루 섞어가며 볶아주세요.

1회 먹을 수 있는 양

재료
- 소고기 50g
- 양파 10g
- 당근 5g
- 애호박 5g
- 밥 80~100g

양념
- 카레가루 1t

소고기콩나물볶음밥

갓 지어낸 콩나물밥에 맛있게 비벼요! 볶음밥으로 간편하게 만들 수 있어요.
소고기를 넣어 영양가도 풍부한 맛있는 한 그릇 음식이죠.
서현이도 참 좋아해요!

1. 콩나물을 다듬고 깨끗이 씻은 뒤, 먹기 좋게 쫑쫑 썰어주세요.
   (콩나물 썰기 생략 가능)
2. 소고기는 물에 담그거나 키친타월로 꾹꾹 눌러 핏물을 제거한 뒤, 잘게 다져주세요.
3. 파는 쫑쫑 썰고, 당근은 잘게 다져줍니다.
4. 달궈진 팬에 기름을 두르고 파를 볶다가 파 향이 올라오면 소고기를 넣고 볶아주세요.
5. 소고기가 익어갈 때쯤 당근, 콩나물을 넣고 볶다가 밥, 양념을 넣고 골고루 섞어가며 볶아줍니다.

1회 먹을 수 있는 양

재료
- 소고기 50g
- 콩나물 20g
- 파 15g
- 당근 10g
- 밥 80~100g

양념
- 국간장 1/2t
- 참기름 1/2t

어묵은 늘 소분해서 냉동실에 보관하는 재료 중 하나예요.
어묵탕, 어묵볶음 외에 만들 수 있는 메뉴를 생각해보다가 볶음밥으로 만들어봤어요.
서현이에게 인기 만점인 메뉴입니다.

어묵달걀볶음밥

1 볼에 달걀을 넣고 알끈을 제거한 뒤에 곱게 풀어줍니다.

2 어묵은 먹기 좋은 크기로 썰고, 파는 쫑쫑 썰고, 양파는 얇게 채 썰어주세요.

3 달궈진 팬에 참기름을 두른 뒤 파, 양파를 볶다가 반투명하게 익으면 어묵을 넣고 볶아줍니다.

4 팬의 재료들을 한쪽으로 밀어놓고, 달걀을 부어 스크램블에그를 만든 뒤에 모두 골고루 섞어주세요.

5 밥과 굴소스를 넣고 골고루 섞어가며 볶아줍니다.

 서현이네 꿀팁!
3번 과정에서 물을 100ml 정도 넣은 다음, 물이 완전히 졸아들 때까지 끓여주면 어묵이 더욱더 부드러워져요!

1회 먹을 수 있는 양

재료
☐ 어묵 30g
☐ 양파 20g
☐ 파 5g
☐ 달걀 1개
☐ 밥 80~100g

양념
☐ 굴소스 1/2t
☐ 참기름 약간

전복버터김볶음밥

전복을 버터에 볶아서 고소하게 만든 다음
김가루를 뿌려서 더욱 맛있게 만든 볶음밥이에요.

1 전복은 솔을 이용하여 흐르는 물에 깨끗이 세척해주세요.
2 세척한 전복을 껍데기에서 분리한 뒤 내장, 이빨을 제거하고 잘게 썰어줍니다.
3 끓는 물에 소금 약간, 청주를 넣고 손질한 전복살을 넣어 데쳐주세요.
4 당근, 양파는 잘게 썰고, 김은 잘게 부숴줍니다.
5 달궈진 팬에 버터를 두르고 당근과 양파를 볶다가 전복살을 넣고 마저 볶아주세요.
6 전복이 완전히 익으면 밥, 김, 소금 약간을 넣고 골고루 섞어가며 볶아줍니다.

1회 먹을 수 있는 양

재료
☐ 전복살 40g
☐ 양파 15g
☐ 당근 10g
☐ 김 2~3g
☐ 밥 80~100g

양념
☐ 버터 2g
☐ 소금 약간
☐ 청주 1T

가지덮밥

편식 걱정 끝! 아이가 가지를 싫어한다면
가지를 맛있는 양념장에 조려서 만들어보세요~!
분명 맛있게 먹을 거예요!

1 가지를 큼직하게 썰고 반으로 잘라주세요.
2 찜기에 2분 이내로 숨이 죽을 만큼만 살짝 쪄줍니다.
   (전자레인지 전용 용기에 담아 랩을 씌운 뒤, 전자레인지에 돌려주셔도 됩니다)
3 양념장을 만들고 통깨를 갈아주세요.
4 달궈진 팬에 양념장을 넣고 끓인 뒤, 찐 가지를 넣고 조려주세요.
5 밥 위에 가지와 남은 양념장을 올린 뒤 갈아놓은 깨를 뿌려줍니다.

1회 먹을 수 있는 양

재료
☐ 가지 100g
☐ 밥 80~100g

양념
☐ 간장 1t
☐ 맛술 1/2t
☐ 올리고당 1/2t
☐ 통깨 1/2t
☐ 물 100ml

일반 양배추보다 더 달콤한 맛의 방울양배추를 넣은 맛있는 덮밥이에요.
아삭아삭한 식감에 맛있는 양념이 어우러진 영양 만점 메뉴랍니다!

소고기방울양배추덮밥

1 방울양배추와 양파를 깨끗이 씻은 뒤, 먹기 좋게 썰어주세요.

2 소고기는 물에 담그거나 키친타월로 꾹꾹 눌러 핏물을 제거한 다음 먹기 좋은 크기로 썰어줍니다.

3 달궈진 팬에 기름을 두른 뒤, 양파를 볶아주세요. 양파가 반투명하게 익으면 방울양배추를 넣고 볶아줍니다.

4 3이 익어갈 때쯤 소고기를 넣고 볶아주세요. 적절하게 익으면 양념을 넣고 마저 볶아주세요.

5 밥 위에 완성된 덮밥소스를 올려줍니다.

1회 먹을 수 있는 양

재료
- 소고기 50g
- 방울양배추 40g
- 양파 40g
- 밥 80~100g

양념
- 간장 1t
- 맛술 1t
- 올리고당 1t
- 참기름 1/2t
- 물 200ml

PART 2. 한 그릇 유아식

서현이가 제일 좋아하는 식재료가 양송이버섯이에요.
양송이버섯을 더 맛있고 영양가 있게 먹이기 위해서 만든 메뉴랍니다.
부드럽게 술술 잘 들어가서 금방 한 그릇을 뚝딱 비운답니다!

소고기양송이덮밥

1. 브로콜리는 깨끗이 씻은 뒤, 먹기 좋게 잘라 끓는 물에 데쳐줍니다.
2. 양송이버섯은 기둥을 떼고 겉껍질을 벗긴 뒤 얇게 썰어주세요.
3. 양파도 얇게 채 썰어줍니다.
4. 소고기는 물에 담그거나 키친타월로 꾹꾹 눌러 핏물을 제거한 뒤, 잘게 다져주세요.
5. 달궈진 팬에 기름을 두르고 양파를 볶아주세요.
6. 양파가 반투명하게 익으면 소고기 - 브로콜리 - 양송이버섯 순으로 넣고 볶아줍니다.
7. 6에 양념을 넣고 졸이다가 전분물을 넣고 빠르게 저어 농도를 맞춰주세요.
8. 밥 위에 완성된 덮밥소스를 올려줍니다.

1회 먹을 수 있는 양

재료
- 소고기 50g
- 양송이버섯 3개
- 양파 15g
- 브로콜리 10g
- 밥 80~100g

양념
- 간장 1t
- 맛술 1t
- 올리고당 1t
- 굴소스 1/2t
- 참기름 1/2t
- 전분물 1T
- 물 2T

PART 2. 한 그릇 유아식

양배추와 양파는 부드럽게 익힐수록 단맛이 올라와요!
달달짭쪼름한 게살을 넣어 더욱 맛있게 만든 덮밥이랍니다.

양배추게살덮밥

1. 파는 쫑쫑 썰고, 양배추와 양파는 얇게 채 썰어줍니다.
2. 달궈진 팬에 기름을 두르고 파를 넣어 파기름을 내주세요.
3. 파 향이 올라오면 양배추, 양파를 넣고 볶아줍니다.
4. 양파와 양배추가 반투명하게 익으면 게살과 육수를 넣고 끓여주세요. 이때 간은 소금으로 해주세요.
5. 덮밥소스가 졸아들면 전분물을 부은 뒤 재빨리 골고루 섞어 농도를 맞춰주세요.
6. 완성된 덮밥소스를 밥 위에 올려줍니다.

1회 먹을 수 있는 양

재료
- 게살 50g
- 양배추 30g
- 양파 20g
- 파 10g
- 밥 80~100g
- 멸치다시마육수 또는 물 200ml

양념
- 전분물 2t
- 소금 약간

PART 2. 한 그릇 유아식

오징어는 식감이 질긴 편이라 서현이에게 늦게 맛보여준 식재료 중 하나예요.
오징어는 입자를 작게 시작해서 먹이고 차차 크기를 늘려주세요.

오징어덮밥

1. 손질된 오징어를 깨끗이 씻은 뒤에 껍질을 벗겨줍니다.
   (껍질 벗기기 생략 가능)

2. 야채와 오징어를 적당한 크기로 썰어주세요.

3. 달궈진 팬에 기름을 두르고 야채를 볶아줍니다.

4. 양파가 반투명하게 익으면 오징어를 넣고 볶아주세요.

5. 오징어가 익어갈 때쯤 양념을 넣고 조려줍니다.

6. 마지막에 전분물을 넣고 재빨리 골고루 섞어 농도를 맞춰주세요.

7. 완성된 덮밥소스를 밥 위에 얹어줍니다.

1회 먹을 수 있는 양

재료
- 오징어 40g
- 양파 10g
- 애호박 10g
- 파 10g
- 당근 10g
- 전분물 1t
- 밥 80~100g

양념
- 간장 1/2t
- 맛술 1/2t
- 올리고당 1/2t
- 굴소스 1/2t
- 참기름 1/2t
- 물 150ml

덮밥

소고기완자덮밥

감칠맛 나는 멸치다시마육수에 소고기완자를 퐁당!
덮밥으로 더욱 부드럽고 맛있게 먹을 수 있는 메뉴랍니다.

1. 파를 쫑쫑 썰어주세요.
2. 육수에 파, 국간장, 다진마늘을 넣고 끓이다가 다진마늘이 익어갈 때쯤 소고기완자를 넣어줍니다.
3. 소금으로 국물의 간을 맞추고 전분물을 넣어 재빨리 저어서 농도를 맞춰주세요.
4. 완성된 덮밥소스를 밥 위에 얹어줍니다.

1회 먹을 수 있는 양
(소고기두부완자 247p. 참고)

재료
☐ 소고기완자 5~6개
☐ 파 10g
☐ 밥 80~100g
☐ 멸치다시마육수 300ml

양념
☐ 국간장 1/4t
☐ 다진마늘 1/4t
☐ 전분물 1T
☐ 소금 약간

시금치연어리소토

부드러운 연어살에 달콤한 소스를 넣어 만든 리소토예요.
평소 쉽게 먹일 수 없었던 시금치를 넣어 영양을 더했어요.

1 시금치 이파리를 깨끗이 씻은 뒤, 끓는 물에 살짝 데쳐줍니다.
2 데친 시금치는 잘게 다지고, 양파와 연어살은 먹기 좋은 크기로 썰어주세요.
3 달궈진 팬에 기름을 두르고 다진마늘, 양파를 넣고 볶다가 연어살을 넣어 함께 볶아줍니다.
4 양파가 반투명하게 익으면 우유, 생크림, 밥을 넣고 끓이면서 졸여주세요.
5 마지막에 데친 시금치를 넣고 한소끔 더 끓여줍니다.
6 소금으로 간을 맞춰주세요.

1회 먹을 수 있는 양

재료
☐ 시금치 이파리 50g
☐ 연어살 50g
☐ 양파 30g
☐ 밥 80~100g

양념
☐ 우유 150ml
☐ 생크림 1T 또는 올리고당 1t
☐ 다진마늘 1/4t
☐ 소금 약간

남은 비트를 어떻게 해결해야 할지 고민하다가 우연히 카레에 넣어 봤는데,
영양가는 높아지고 색감도 예쁜 카레가 완성되었어요.
비트를 원형썰기 해서 한번 데친 다음 랩으로 감싸서 냉동실에 소분해 놓고 그때그때 꺼내서 쓰고 있어요!

소고기비트카레덮밥

1. 소고기는 물에 담그거나 키친타월로 꾹꾹 눌러 핏물을 제거한 뒤, 먹기 좋은 크기로 썰어줍니다.

2. 비트, 당근, 애호박, 양파를 먹기 좋은 크기로 썰어주세요.

3. 달궈진 냄비에 기름을 두르고 2를 볶아줍니다.

4. 양파가 반투명하게 익으면 1을 넣고 볶다가 물, 카레가루를 넣고 끓여주세요.

5. 야채가 알맞게 익을 때까지 농도를 맞춰가며 끓여줍니다.

6. 완성된 카레소스를 밥 위에 부어줍니다.

 아이가 비트의 아삭한 식감을 싫어한다면 믹서기에 곱게 갈아서 넣어주세요~!

1~2회 먹을 수 있는 양

재료
☐ 소고기 80g
☐ 비트 30g
☐ 당근 30g
☐ 애호박 30g
☐ 양파 30g
☐ 밥 80~100g

양념
☐ 카레가루 1T
☐ 물 400ml

대부분의 아이는 녹색 식재료나 음식이 맛이 없을 거라고 인식해요.
그러다 보니 엄마 입장에서는 자연스럽게 요리하기가 꺼려지죠.
하지만, 시금치카레는 녹색이 맛없다는 인식을 줄여주는 효자 메뉴라고 할 수 있어요.
카레의 향이 시금치의 맛과 향을 덮어주어 시금치를 거부감 없이 맛있게 먹일 수 있어요.
실제로 서현이가 맛있게 잘 먹어주는 메뉴 중 하나랍니다~!

덮밥

시금치닭안심카레덮밥

1. 닭안심의 힘줄과 겉에 붙어있는 얇은 막을 제거해주세요.

2. 닭안심을 끓는 물에 넣어 완전히 익힌 뒤, 먹기 좋은 크기로 썰어줍니다.

3. 시금치 이파리를 깨끗이 씻은 다음 끓는 물에 데쳐주세요.

4. 데친 시금치는 물을 약간만 넣고 믹서기에 곱게 갈아주세요.

5. 당근, 양파, 감자를 먹기 좋은 크기로 썰어줍니다.

6. 달궈진 냄비에 기름을 두르고 당근, 양파, 감자를 먼저 볶아주세요.

7. 양파가 반투명하게 익으면 닭안심을 넣고 볶다가 물, 카레가루를 넣고 끓여줍니다.

8. 야채가 알맞게 익고 카레가 완성되기 직전 4를 넣고 한소끔 더 끓여주세요.

9. 완성된 덮밥소스를 밥 위에 부어줍니다.

1~2회 먹을 수 있는 양

재료
☐ 시금치 이파리 30g
☐ 닭안심 80g
☐ 당근 30g
☐ 양파 30g
☐ 감자 30g
☐ 밥 80~100g

양념
☐ 카레가루 1T
☐ 물 500ml

PART 2. 한 그릇 유아식

서현이가 카레를 좋아하다 보니 여러 가지 재료를 넣어 다양하게 만들어주고 있어요.
톳새우카레는 시원한 바다 향이 가득한 색다른 느낌의 카레예요!

톳새우카레덮밥

1 브로콜리와 톳을 끓는 물에 살짝 데친 뒤, 먹기 좋은 크기로 썰어 줍니다.

2 새우는 머리, 껍질, 내장을 제거한 다음 살을 잘게 썰어주세요.

3 당근, 양파를 작게 깍둑 썰어줍니다.

4 달궈진 냄비에 기름을 두른 뒤에 당근, 양파-새우-톳, 브로콜리 순으로 볶아주세요.

5 양파가 반투명하게 익으면 물과 카레가루를 넣고 재료가 충분히 익을 때까지 끓이며 졸여주세요.

6 완성된 카레소스를 밥 위에 부어줍니다.

1~2회 먹을 수 있는 양

재료
☐ 새우살 50g
☐ 양파 30g
☐ 톳 15g
☐ 당근 15g
☐ 브로콜리 15g
☐ 밥 80~100g

양념
☐ 카레가루 1T
☐ 물 400ml

PART 2. 한 그릇 유아식

맛있게 양념한 소고기에 고소한 아보카도를 넣어 만든 초간단 김밥이에요.
만들기도 어렵지 않고, 서현이도 한입에 쏙! 잘 먹는 메뉴랍니다.

소고기아보카도김밥

1 아보카도는 씨를 기준으로 가운데 전체에 칼집을 넣어준 뒤 양손으로 잡고 비틀어 반으로 쪼개주세요.

2 아보카도의 씨와 껍질을 제거한 뒤, 먹기 좋은 크기로 썰어주세요.

3 소고기는 물에 담그거나 키친타월로 꾹꾹 눌러 핏물을 제거한 뒤, 잘게 다져줍니다.

4 소고기에 밑간 양념을 넣고 30분 이상 재워주세요.

5 볼에 밥을 담고 양념을 넣고 골고루 섞은 뒤, 한 김 식혀주세요.

6 달궈진 팬에 기름을 두르고 4의 소고기를 볶아 완전히 익혀줍니다.

7 김밥김에 5의 밑간한 밥, 2의 아보카도, 6의 볶은 소고기를 차례로 올린 뒤에 돌돌 말아주세요.

8 완성된 김밥을 먹기 좋은 크기로 썰어줍니다.

1회 먹을 수 있는 양

재료
☐ 소고기 80g
☐ 밥 80g
☐ 아보카도 1/3개
☐ 김밥김 2장

밥 양념
☐ 참기름 약간
☐ 소금 약간
☐ 통깨 약간

소고기 밑간 양념
☐ 간장 1½t
☐ 올리고당 1/2t
☐ 맛술 1/2t
☐ 다진파 1/2t
☐ 다진마늘 1/4t

PART 2. 한 그릇 야식

새우부추밥전

궁합이 좋은 새우와 부추로 만든 밥전이에요.
달걀의 고소함, 부추의 향긋함,
새우의 탱글한 식감이 잘 어울리는 메뉴랍니다.

1 애호박, 양파, 당근을 잘게 다지고, 부추는 적당한 크기로 썰어줍니다.

2 새우는 머리, 껍질, 내장을 제거한 뒤, 살을 잘게 썰어주세요.

3 볼에 달걀을 넣고 알끈을 제거한 다음 곱게 풀어주세요.

4 3에 1, 2와 밥을 넣고 골고루 섞어줍니다. 이때 간은 소금으로 해주세요.

5 달궈진 팬에 기름을 두르고 적당한 크기로 앞뒤 모두 노릇하게 부쳐줍니다.

서현이네 꿀팁! 밥전 부치기에 매번 실패하셨다면 전분가루를 약간만 넣어보세요!

1~2회 먹을 수 있는 양
(4~5cm 크기로
10장 정도 나오는 양)

재료
☐ 새우살 50g
☐ 부추 20g
☐ 애호박 20g
☐ 양파 20g
☐ 당근 10g
☐ 달걀 1개
☐ 밥 80g

양념
☐ 소금 약간

소고기야채밥전

이 밥전은 서현이가 워낙 잘 먹고 만들기도 쉬워서
서현이 아빠가 자주 만들어주는 단골 메뉴예요.
밥, 달걀, 소고기, 야채를 골고루 먹일 수 있는 영양만점 메뉴랍니다.

1 당근, 애호박, 양파를 잘게 다져주세요.

2 소고기는 물에 담그거나 키친타월로 꾹꾹 눌러 핏물을 제거한 뒤, 잘게 다져줍니다.

3 볼에 달걀을 넣고 알끈을 제거한 다음 곱게 풀어주세요.

4 3에 1, 2와 밥을 넣고 골고루 섞어줍니다. 이때 소금으로 간을 해주세요.

5 달궈진 팬에 기름을 두르고 적당한 크기로 앞뒤 모두 노릇하게 부쳐줍니다.

1~2회 먹을 수 있는 양
(4~5cm 크기로
 10장 정도 나오는 양)

재료
☐ 소고기 80g
☐ 당근 5g
☐ 애호박 10g
☐ 양파 10g
☐ 달걀 1개
☐ 밥 80g

양념
☐ 소금 약간

PART 2. 한 그릇 유아식

참치깻잎밥전은 짧은 시간 안에 만들 수 있는,
간단하면서도 영양이 가득한 한 그릇 메뉴예요!
느끼할 수 있는 참치에 향긋한 깻잎을 넣어 더욱 맛있답니다.

참치깻잎밥전

1. 애호박을 잘게 다져주세요.

2. 깻잎은 3장을 포개서 돌돌 말아준 뒤 얇게 채 썰어줍니다.

3. 참치는 기름기를 덜어주세요. (꽉 짜지 않아도 괜찮아요!)

4. 볼에 달걀을 넣고 알끈을 제거한 다음 곱게 풀어줍니다.

5. 4에 1, 2, 3과 밥을 넣고 골고루 섞어주세요. 이때 소금으로 간을 해주세요.

6. 달궈진 팬에 기름을 두르고 적당한 크기로 앞뒤 모두 노릇하게 부쳐줍니다.

1~2회 먹을 수 있는 양

(4~5cm 크기로
10장 정도 나오는 양)

재료

☐ 참치 50g
☐ 애호박 20g
☐ 깻잎 3장
☐ 달걀 1개
☐ 밥 80g

양념

☐ 소금 약간

오징어표고버섯밥전

오징어와 표고버섯의 쫄깃한 식감과 맛이 잘 어울리는 메뉴예요.
오징어를 처음 먹는 아이들에게 특히 추천해요.
단, 오징어는 아주 잘게 다져주세요!

1 양파, 당근, 표고버섯을 잘게 다져주세요.

2 오징어는 껍질을 제거한 뒤, 잘게 썰어줍니다.
   (껍질 제거 생략 가능)

3 볼에 달걀을 넣고 알끈을 제거한 다음 곱게 풀어주세요.

4 3에 1, 2와 밥을 넣고 골고루 섞어주세요. 이때 간은 소금으로 해
   줍니다.

5 달궈진 팬에 기름을 두르고 적당한 크기로 앞뒤 모두 노릇하게 부
   쳐줍니다.

1~2회 먹을 수 있는 양
(4~5cm 크기로
10장 정도 나오는 양)

재료
☐ 오징어 50g
☐ 양파 10g
☐ 당근 10g
☐ 표고버섯 20g
☐ 달걀 1개
☐ 밥 80g

양념
☐ 소금 약간

검은깨고구마죽

서현이가 한정식집에서 식전 죽으로 나왔던 검은깨죽을
정말 맛있게 먹는 모습을 보고, 그 이후로 종종 만들어주는 메뉴예요.
검은깨의 고소함과 고구마의 달달함이 잘 어우러져요!

1. 고구마는 껍질을 벗긴 뒤, 토막을 내서 찜기에 쪄줍니다.
2. 찐 고구마를 볼에 담고 으깨주세요.
3. 믹서기에 밥, 물, 검은깨를 넣고 곱게 갈아줍니다.
4. 냄비에 2, 3을 넣고 한소끔 끓인 뒤, 소금과 설탕으로 간을 맞춰주세요.

1회 먹을 수 있는 양

재료
☐ 고구마 50g
☐ 검은깨 10g
☐ 밥 80g
☐ 물 150ml

양념
☐ 소금 약간
☐ 설탕 약간

PART 2. 한 그릇 유아식

죽은 쌀을 불려 냄비에 볶다가 물을 부어 천천히 익혀가며 끓여주는 음식이에요.
하지만 바쁜 아침이나 아이가 아플 때, 입맛이 없을 때, 자투리 야채가 많을 때 등등!
뚝딱뚝딱 만들 수 있도록 쌀 대신 지어놓은 밥을 이용하여 레시피를 만들어봤어요.

달걀야채죽

1. 애호박, 당근, 표고버섯을 먹기 좋은 크기로 잘게 다져주세요.

2. 볼에 달걀을 넣고 알끈을 제거한 뒤 곱게 풀어줍니다.

3. 달궈진 냄비에 참기름을 약간 넣고 1의 야채를 볶다가 육수와 밥을 넣고 끓여주세요.

4. 육수가 졸아들고 밥알이 퍼지면 달걀을 부어 그대로 익혔다가 휘휘 저어주세요.

5. 소금으로 간을 해주세요.

1회 먹을 수 있는 양

재료
☐ 애호박 20g
☐ 당근 20g
☐ 표고버섯 10g
☐ 달걀 1개
☐ 밥 80~100g
☐ 멸치다시마육수 또는 물 300ml

양념
☐ 참기름 약간
☐ 소금 약간

서현이에게 아침 식사로 자주 먹이는 메뉴예요.
조리방법은 간단하면서도 밤단호박과 소고기로 만들어 영양소가 풍부한 죽이에요.
서현이가 소고기밤단호박죽 한 그릇 뚝딱하면 저도 덩달아서 속이 든든해진답니다.

소고기단호박죽

1 깨끗이 씻은 밤단호박을 반으로 나눈 뒤, 씨를 파내고 찜기에 쪄 줍니다.

2 소고기는 물에 담그거나 키친타월로 꾹꾹 눌러 핏물을 제거한 뒤, 끓는 물에 삶아주세요.

3 믹서기에 소량의 물을 넣고, 1, 2의 재료를 갈아줍니다.

4 냄비에 3과 양념 재료를 넣고 끓여주세요. 죽이 냄비에 들러붙지 않도록 계속 저어주세요.

 단호박은 껍질에도 영양소가 풍부해서 껍질째 갈아 넣었어요. 껍질을 벗겨서 만들면 더 노랗고 예쁜 단호박죽이 됩니다.

2~3회 먹을 수 있는 양

재료
☐ 미니 밤단호박 1개
☐ 소고기 100g

양념
☐ 찹쌀물 2T
　(찹쌀가루 1T : 물 1T)
☐ 올리고당 1T

맛이 밋밋할 수 있는 두부와 미역에 황태채를 넣어 감칠맛을 더했어요.
아이가 먹기에 부담스럽지 않은 담백한 맛의 죽이에요.

황태두부미역죽

1 볼에 마른 황태채를 넣고 물을 부어 충분히 불려줍니다.

2 볼에 마른미역을 넣고 물을 부어 충분히 불려주세요.

3 1, 2의 물기를 꾹 짠 뒤, 먹기 좋은 크기로 쫑쫑 썰어주세요.

4 두부를 칼등으로 으깨줍니다.

5 달궈진 냄비에 참기름을 두르고 미역과 황태채를 함께 볶아준 뒤, 육수를 부어주세요.

6 으깬 두부, 밥을 넣고 뭉근하게 끓인 다음 소금으로 간을 맞춰줍니다.

1~2회 먹을 수 있는 양

재료
☐ 두부 50g
☐ 불린 황태채 20g
☐ 불린 미역 20g
☐ 밥 80~100g
☐ 멸치다시마육수 300ml

양념
☐ 참기름 약간
☐ 소금 약간

두부콩국수

단백질이 풍부한 두부로 만드는 초간단 콩국수예요.
부드럽고 고소한 국물이 일품이죠! 오이, 달걀, 방울토마토 등
다양한 재료를 고명으로 올려서 만들어보세요.

1 소면을 이등분해서 끓는 물에 넣고 삶아주세요.
2 삶은 소면을 체에 밭쳐 찬물에 헹군 뒤, 물기를 빼줍니다.
3 고명으로 올릴 오이를 얇게 채 썰어주세요.
4 끓는 물에 두부를 넣고 데친 뒤, 물기를 짜고 칼등으로 으깨주세요.
5 참깨를 갈아줍니다.
6 볼에 우유와 4, 5를 넣고 소금과 설탕으로 간을 맞춰주세요.
7 그릇에 6을 붓고 소면과 오이 고명을 올려줍니다.

1회 먹을 수 있는 양

재료
☐ 두부 100g
☐ 삶은 소면 80g
☐ 오이 15g

양념
☐ 우유 100ml
☐ 참깨 1t
☐ 소금 약간
☐ 설탕 약간

감자들깨칼국수

서현이는 면 요리를 참 좋아해요.
그중 칼국수는 빠질 수 없는 단골 메뉴 중 하나예요.
포슬포슬 부드럽게 익은 감자에 들깻가루를 더한 고소하고 맛있는 칼국수랍니다.

1. 끓는 물에 칼국수면을 넣고 삶은 다음 체에 밭쳐 물기를 빼주세요.
2. 감자는 나박 썰고, 애호박, 양파, 표고버섯은 채 썰고, 파는 쫑쫑 썰어줍니다.
3. 냄비에 육수를 붓고 들깻가루를 제외한 모든 양념과 2를 넣고 끓여주세요.
4. 감자가 익어갈 때쯤 칼국수면, 들깻가루를 넣고 한소끔 더 끓여줍니다.

서현이네 꿀팁! 소면, 중면, 쌀국수면으로 대체해도 좋아요.

1~2회 먹을 수 있는 양

재료
☐ 익힌 칼국수면 80g
☐ 감자 50g
☐ 애호박 30g
☐ 양파 20g
☐ 표고버섯 10g
☐ 파 10g
☐ 멸치다시마육수 700ml

양념
☐ 들깻가루 1T
☐ 국간장 1/2t
☐ 다진마늘 1/4t

멸치칼국수

구수하게 푹 우려낸 멸치다시마 육수에
칼국수면을 넣어 따뜻하게 끓여낸 맛있는 칼국수예요!
우리 서현이도 '호로록 호로록' 소리를 내며 맛있게 한 그릇 뚝딱하는 메뉴랍니다.

1. 칼국수 생면에 묻어있는 밀가루를 털어낸 뒤, 끓는 물에 삶아주세요.
2. 삶은 칼국수면을 체에 밭쳐 물기를 빼줍니다.
3. 애호박, 당근을 채 썰어주세요.
4. 냄비에 육수를 붓고 3을 넣고 끓이다가 2와 양념을 넣고 한소끔 더 끓여줍니다.
5. 소금으로 간을 맞춰주세요.

기호에 따라 바지락, 오징어, 홍합 등 해산물을 넣어 만들면 더욱
더 맛있지요~!

**온 가족이
먹을 수 있는 양**

재료
☐ 멸치다시마육수 1.5L
☐ 칼국수 생면 2~3인분
☐ 애호박 50g
☐ 당근 30g

양념
☐ 국간장 1t
☐ 다진마늘 1/2t
☐ 소금 약간

PART 2. 한 그릇 유아식

바지락은 국물맛을 내기에 아주 좋은 재료예요.
맛있는 야채와 바지락을 넣어 한 그릇 뚝딱 끓여낸 칼국수입니다~!

바지락칼국수

1. 바지락을 소금물에 넣고 어두운 곳에 두어 해감해주세요.

2. 끓는 물에 칼국수면을 넣고 익힌 뒤 체에 밭쳐 물기를 빼줍니다.

3. 파는 쫑쫑 썰고, 애호박, 양파, 당근은 얇게 채 썰어주세요.

4. 냄비에 육수를 붓고 애호박, 양파, 당근, 파와 양념을 넣고 끓여줍니다.

5. 야채가 부드럽게 익었을 때쯤 칼국수면, 바지락을 넣고 한소끔 더 끓여주세요.

 매생이, 새우, 오징어 등 다른 해산물을 넣어주면 훨씬 맛있어요!

1회 먹을 수 있는 양

재료
☐ 익힌 칼국수면 80g
☐ 바지락 10개
☐ 애호박 20g
☐ 양파 20g
☐ 당근 10g
☐ 파 10g
☐ 멸치다시마육수 600ml

양념
☐ 다진마늘 1/4t
☐ 소금 약간
☐ 후추 약간

면 요리는 아이의 한 끼 식사로 부족한 느낌이 들 때가 있어요.
하지만 이 소고기볶음국수는 한 끼 식사로 손색없는 든든한 메뉴예요.
서현이가 정말 좋아하는 메뉴 중 하나입니다.

소고기볶음국수

1. 소고기는 물에 담그거나 키친타월로 꾹꾹 눌러 핏물을 제거한 뒤, 잘게 다져주세요.

2. 잘게 다진 소고기에 양념을 넣고 버무려 30분 이상 재워줍니다.

3. 끓는 물에 소면을 넣고 삶은 다음 체에 밭쳐 물기를 빼주세요.

4. 당근, 애호박, 양파, 표고버섯을 먹기 좋은 크기로 얇게 채 썰어줍니다.

5. 달궈진 팬에 기름을 두르고 4를 볶다가 양파가 반투명하게 익으면 2의 소고기를 넣고 볶아주세요.

6. 소고기가 익으면 3의 소면을 넣고 골고루 섞어가며 볶아줍니다. 이때 간장으로 간을 추가해도 좋아요.

1회 먹을 수 있는 양

재료
- 소고기 80g
- 삶은 소면 80~100g
- 당근 5g
- 애호박 5g
- 양파 5g
- 표고버섯 5g

소고기 양념
- 간장 1½t
- 올리고당 1/2t
- 맛술 1/2t
- 다진파 1/2t
- 다진마늘 1/4t

아이입맛 맞춤!
든든한 국 & 탕

PART 3. 든든한 국 & 탕

가자미를 넣고 끓인 국은 고기를 넣고 끓인 국만큼 감칠맛과 깊은 맛을 느낄 수 있어요!
진하게 끓여낸 가자미맑은국 한 그릇이면 다른 보양식이 부럽지 않아요.

가자미맑은국

1 순살가자미를 쌀뜨물에 담가 비린내를 덜어줍니다.
   (생략 가능)

2 콩나물, 쑥갓을 깨끗하게 다듬고 세척해주세요.

3 파는 쫑쫑 썰고, 팽이버섯, 쑥갓은 먹기 좋은 크기로 썰어줍니다.

4 냄비에 육수가 끓어오르면 가자미와 양념을 넣고 익혀주세요.

5 이때 체와 스푼을 이용해서 가자미살을 으깨줍니다.

6 국물이 우러나면 팽이버섯, 콩나물, 쑥갓을 넣은 뒤 한소끔 더 끓여주세요.

2~3회 먹을 수 있는 양

재료
☐ 순살가자미 40g
☐ 콩나물 30g
☐ 파 20g
☐ 팽이버섯 10g
☐ 쑥갓 5g
☐ 멸치다시마육수 또는 물 500ml

양념
☐ 국간장 1/2t
☐ 다진마늘 1/4t

시중에 판매하는 순살생선을 사용하면 간편해요. 생선에 짠맛이 거의 없고, 손질되어 나오기 때문에 간편해요! 서현이 이유식 때부터 쭉 애용하고 있어요.

PART 3. 든든한 국 & 탕

서현이는 처음에 생선을 잘 먹지 않았어요. 생선을 어떻게 맛있게 먹일 수 있을지
고민하다가 서현이가 가장 좋아하는 미역국에 가자미살을 넣어봤어요!
뽀얀 국물에 미역과 가자미살이 보들보들하니 정말 잘 먹더라고요! 보기만 해도 든든해지는 메뉴랍니다.

가자미미역국

1 볼에 마른미역을 담고 물을 부어 충분히 불려주세요.

2 바지락살과 가자미살을 각각 쌀뜨물에 담가 비린내를 덜어주세요.

3 냄비①에 쌀뜨물을 붓고 바지락살, 다진마늘, 청주를 넣어 육수를 만들어주세요.

4 불린 미역을 먹기 좋게 썰어주세요.

5 냄비②에 참기름과 불린 미역을 넣고 볶은 뒤, 3의 육수를 붓고 끓여주세요.

6 5가 팔팔 끓을 때 가자미살을 넣고 익혀줍니다.

7 가자미가 익으면 체와 스푼을 이용해서 살을 으깨고 국에 잘 풀어주세요.

8 국간장과 약간의 소금으로 간을 해줍니다.

3회 이상 먹을 수 있는 양

재료
☐ 불린 미역 100g
☐ 순살가자미 40g
☐ 바지락살 40g

육수
☐ 쌀뜨물 1L
☐ 다진마늘 1t
☐ 청주 2T

양념
☐ 국간장 1t
☐ 참기름 1t
☐ 소금 약간

3번 과정에서 바지락 육수를 넣어 감칠맛을 더했어요. 바지락이 없다면 생략해도 괜찮아요.

감자크림수프

맛과 식감이 부드러워서 언제 먹어도 부담 없이 맛있게 먹을 수 있는 메뉴예요.
서현이는 이 수프에 식빵을 적셔 먹는 걸 참 좋아한답니다.

1 감자는 깨끗이 씻어 껍질을 벗기고 토막을 낸 뒤, 찜기에 쪄주세요.
2 양파를 잘게 다져줍니다.
3 달궈진 팬에 기름을 두르고 양파에 갈색빛이 나올 때까지 볶아주세요.
4 믹서기에 1, 3과 흰 우유를 넣고 곱게 갈아줍니다.
5 냄비에 4를 붓고 생크림, 소금, 후추를 넣고 한소끔 더 끓여주세요.

1~2회 먹을 수 있는 양

재료
☐ 감자 120g
☐ 양파 50g

양념
☐ 흰 우유 120ml
☐ 생크림 3T
☐ 소금 약간
☐ 후추 약간

달걀감잣국

포슬포슬 감자와 달걀로 만드는 부담 없는 국이에요!
부드럽고 자극적이지 않은 맛이라서
초기유아식을 하는 아이들도 먹을 수 있어요.

1 파는 쫑쫑 썰고, 감자는 깨끗이 씻어서 껍질을 벗긴 뒤에 먹기 좋은 크기로 나박썰기 해줍니다.

2 볼에 달걀을 넣고 알끈을 제거한 다음 곱게 풀어주세요.

3 냄비에 멸치다시마육수를 붓고 감자와 양념을 넣고 끓여줍니다.

4 감자가 익으면 풀어둔 달걀과 파를 넣고 한소끔 더 끓여주세요.

서현이네 꿀팁! 달걀을 넣기 전에 국을 한 방향으로 빠르게 젓고 달걀을 그대로 부어주세요. 그 상태로 젓지 않고 그대로 두면 풀어진 달걀 모양이 예쁘고 국물도 깔끔하게 완성돼요!

2~3회 먹을 수 있는 양

재료
☐ 감자 80g
☐ 파 5g
☐ 달걀 1개
☐ 멸치다시마육수 500ml

양념
☐ 국간장 1/2t
☐ 다진마늘 1/4t
☐ 소금 약간

PART 3. 든든한 국 & 탕

진하게 우려낸 닭 육수로 만든 든든하고 맛있는 들깨탕이에요.
궁합이 좋은 부추를 넣어서 영양을 더했어요.

닭고기부추들깨탕

1. 부추를 먹기 좋은 크기로 쫑쫑 썰어줍니다.

2. 닭다리 2개의 껍질과 지방을 제거하고 칼로 칼집을 넣어주세요.

3. 냄비에 육수 재료와 손질된 닭다리를 넣고 푹 끓여 닭육수를 만들어줍니다.

4. 육수가 500ml 정도로 줄었을 때 모든 재료를 건져주세요.

5. 닭다리는 한 김 식힌 뒤에 살을 발라 잘게 찢어줍니다. 육수에 넣었던 재료는 사용하지 않아요.

6. 닭육수에 발라놓은 닭다리살과 양념을 넣고 푹 끓이다가 부추를 넣어 한소끔 더 끓여줍니다.

2~3회 먹을 수 있는 양

재료
☐ 닭다리 2개
☐ 부추 10g

육수
☐ 물 800ml
☐ 대파 흰 부분 50g
☐ 통마늘 5개
☐ 양파 1/3개

양념
☐ 들깻가루 1T
☐ 국간장 1/2t
☐ 소금 약간

PART 3. 든든한 국 & 탕

닭 한 마리를 오랜 시간 푹 끓여 만든 뽀얀 국물의 곰탕이에요.
대파, 마늘, 양파, 무가 들어가 시원하면서도 진한 국물이 일품이랍니다.
비 오는 날 아이와 함께 먹으면 딱이에요!

닭곰탕

1. 닭의 내장, 목 부분의 지방 덩어리, 날개 끝부분, 꼬리 부분을 제거하며 손질해줍니다.

2. 냄비①에 닭 삶기 재료를 넣고 끓여주세요.

3. 물이 끓으면 손질한 닭을 넣고 겉면이 익을 정도로 데치듯 삶아서 불순물과 잡내를 제거한 뒤 건져주세요.

4. 냄비②에 물 2L를 붓고 3의 닭과 통마늘, 양파를 넣어 닭육수를 내주세요. 끓어오르는 거품은 제거하고, 닭은 중간중간 뒤집어주세요.

5. 4의 닭이 알맞게 익으면 재료를 모두 건져주세요. 닭은 한 김 식힌 뒤 살을 발라 잘게 찢어주세요. 육수에 넣었던 나머지 재료는 사용하지 않아요.

6. 무는 깨끗이 씻어서 나박 썰고, 파는 쫑쫑 썰어주세요.

7. 5의 남은 육수에 5의 닭고기와 6을 넣고 무가 익을 때까지 한소끔 더 끓여주세요.

닭곰탕에 밥을 넣고 끓여주면 맛있는 닭죽이 완성됩니다.

온 가족이 먹을 수 있는 양

재료
- 닭 1마리
- 통마늘 10개
- 양파 1/2개
- 무 200g
- 파 100g

닭 삶기
- 물 2L
- 통후추 15알
- 월계수잎 5장

양념
- 소금 약간
- 후추 약간

PART 3. 든든한 국 & 탕

푹 끓여내 야들야들한 닭백숙은 서현이네 가족 모두가 좋아하는 메뉴예요.
부드럽고 쫄깃한 닭고기는 물론, 국물에 찹쌀을 넣어 닭죽까지 맛볼 수 있는 든든한 보양식이죠!
복날에 빠질 수 없는 메뉴랍니다!

닭백숙

1. 닭의 내장, 목 부분 지방 덩어리, 날개 끝부분, 꼬리 부분을 제거하며 손질해줍니다.

2. 냄비에 닭을 넣고 물, 통마늘, 한약재 티백을 넣고 끓여주세요.

3. 물이 끓어오르면서 생기는 거품을 걷어주고 닭을 중간중간 뒤집어가며 끓여줍니다.

4. 부추를 깨끗이 씻어주세요.

5. 1시간 이상 끓이다가 마지막에 부추를 넣고 불을 꺼주세요.

서현이네 꿀팁!
1. 마늘이 닭의 잡내를 잡아주고 국물을 더욱 맛있게 만들어줘요!
2. 남은 국물에 다진 야채, 찹쌀 또는 밥을 넣어 닭죽을 만들어보세요. 서현이네는 부드러운 다리 살은 뜯어 먹고, 가슴살은 잘게 쭉쭉 찢어서 닭죽에 넣어 먹는답니다~!

온 가족이 먹을 수 있는 양

재료
☐ 닭 중간 크기 1마리
☐ 통마늘 10알
☐ 부추 30g
☐ 한약재 티백 1봉지
☐ 물 1.5L

돼지고기순두부국

서현이가 보들보들한 순두부를 좋아해서
돼지고기를 넣어 맛있게 만들어본 국물 요리예요.
새우, 오징어, 바지락 등의 해물을 함께 넣어주면 더욱 맛있어요!

2~3회 먹을 수 있는 양

재료
- 돼지고기 50g
- 순두부 50g
- 파 20g
- 양파 20g
- 애호박 20g
- 멸치다시마육수 또는 물 500ml

양념
- 국간장 1/2t
- 다진마늘 1/4t
- 새우젓 1/4t

1. 파, 양파를 잘게 썰고 애호박은 반달 썰고 돼지고기는 다져줍니다.
2. 달궈진 냄비에 기름을 약간만 두른 다음 파, 양파를 넣고 볶아주세요.
3. 양파가 반투명하게 익으면 돼지고기를 넣고 함께 볶아줍니다.
4. 돼지고기가 완전히 익으면 육수를 붓고 순두부, 애호박, 양념을 넣고 끓여줍니다.
5. 순두부는 스푼을 이용하여 먹기 좋게 으깨주세요.

무채콩가루된장국

무채를 넣은 평범한 된장국에 콩가루를 약간만 넣어보세요.
고소함이 더해져 훨씬 맛있어져요!

1. 무를 깨끗이 씻어 껍질을 벗긴 뒤, 얇게 채 썰어줍니다.
2. 파는 쫑쫑 썰어주세요.
3. 냄비에 육수를 붓고 콩가루를 제외한 양념과 1, 2를 넣고 무가 익을 때까지 푹 끓여줍니다.
4. 무가 완전히 익으면 콩가루를 넣고 잘 저어주세요.

2~3회 먹을 수 있는 양

재료
- 무 100g
- 파 10g
- 멸치다시마육수 500ml

양념
- 된장 1t
- 콩가루 1t
- 국간장 1/2t

PART 3. 든든한 국 & 탕

매생이와 굴은 맛도, 영양도 궁합이 잘 맞는 식재료랍니다!

매생이굴떡국

1. 건매생이는 체에 받쳐 흐르는 물에 씻어서 풀어주세요.

2. 매생이에 뜨거운 물을 부어 부드럽게 만들어줍니다.

3. 굴을 깨끗이 씻어주세요.

4. 냄비에 육수를 붓고 떡국떡, 양념을 넣어 끓여주세요.

5. 떡국떡이 부드럽게 익으면 2, 3을 넣고 한소끔 더 끓여주세요.

 떡을 처음 접하는 아이라면 떡국떡 대신 떡볶이 떡을 얇게 잘라 만들어주세요. 아이가 먹기에 훨씬 수월할 거예요.

1~2회 먹을 수 있는 양

재료
☐ 굴 80g
☐ 떡국떡 80g
☐ 건매생이 1g
☐ 멸치다시마육수 500ml

양념
☐ 국간장 1/2t
☐ 다진마늘 1/4t

단백질이 풍부한 명란젓으로 끓인 맑은국이에요. 새우젓으로 간을 하면 감칠맛이 좋은 것처럼, 명란젓 또한 그 자체로도 감칠맛을 내기 때문에 별도의 양념이 필요하지 않아요. 젓갈의 특성상 나트륨이 염려되어 저염 명란젓을 사용하고 있어요.

명란두부국

1 명란젓을 먹기 좋은 크기로 썰어주세요.

2 파는 쫑쫑 썰고, 두부와 애호박도 먹기 좋은 크기로 썰어줍니다.

3 냄비에 물을 넣고 물이 끓으면 1, 2와 다진마늘을 넣고 푹 끓여주세요.

4 최대한 젓지 않고 맑게 끓여줍니다.

명란젓에 짠맛이 있어서 따로 간을 하지 않아도 됩니다.

**온 가족이
먹을 수 있는 양**

재료
☐ 명란젓 100g
☐ 두부 80g
☐ 애호박 50g
☐ 파 20g
☐ 물 500ml

양념
☐ 다진마늘 1/2t

배추어묵국

어묵은 아이들 유아식으로 특히 사랑받는 재료 중 하나지요.
볶음, 국, 간식 등 어디든 잘 어울린답니다.
배추와 어묵을 야들야들하게 푹 끓여주니
서현이가 '호로록~' 맛있게 잘 먹었던 국이에요!

1. 배추를 한 장씩 떼어 흐르는 물에 씻어줍니다.
2. 파는 쫑쫑 썰고, 배추, 어묵은 먹기 좋은 크기로 썰어주세요.
3. 냄비에 육수를 붓고 재료와 양념을 넣어 배추가 부드럽게 익을 때까지 끓여줍니다.

2~3회 먹을 수 있는 양

재료
- 배추 50g
- 어묵 30g
- 파 20g
- 멸치다시마육수 500ml

양념
- 국간장 1/4t
- 다진마늘 1/4t

새우뭇국

소고기뭇국만큼이나 맛있는 새우뭇국이에요.
오징어, 바지락, 홍합 등을 넣어주면 감칠맛까지 더해져요.

1. 파는 쫑쫑 썰고, 무를 깨끗이 씻어 얇게 나박썰기 해주세요.
2. 새우는 머리, 껍질, 내장을 제거한 뒤, 살을 먹기 좋게 썰어줍니다.
3. 달궈진 냄비에 참기름을 약간 두른 다음 무를 넣고 볶다가 새우를 넣고 볶아주세요.
4. 새우가 익어갈 때쯤 육수, 파, 다진마늘, 새우젓을 넣고 무가 완전히 익을 때까지 끓여줍니다.

2~3회 먹을 수 있는 양

재료
□ 무 80g
□ 새우 60g
□ 파 10g
□ 멸치다시마육수 600ml

양념
□ 다진마늘 1/4t
□ 새우젓 1/4t
□ 참기름 약간

새우완자달걀국

평범한 달걀국에 새우완자를 퐁당!
탱글탱글한 완자가 부드럽게 씹히는, 쉽고 맛있는 국물 요리랍니다.

1회 먹을 수 있는 양
(새우오징어완자
 248p. 참고)

재료
☐ 새우오징어완자 4~5개
☐ 파 20g
☐ 달걀 1개
☐ 멸치다시마육수 400ml

양념
☐ 소금 약간

1 파를 쫑쫑 썰어주세요.

2 멸치다시마육수에 파를 넣고 끓여줍니다.

3 달걀의 알끈을 제거한 뒤, 곱게 풀어주세요.

4 육수가 끓으면 스푼을 이용해 한 방향으로 빠르게 젓다가 **3**을 그대로 부어주세요.
   이때 달걀이 익을 때까지 기다려야 합니다. 저어주면 오히려 국물이 탁해질 수 있어요.

5 새우오징어완자를 넣고 소금으로 국물 간을 맞춘 뒤, 한소끔 더 끓여줍니다.

새우청경채맑은국

청경채를 활용하기 어려울 때는 이렇게 맑은 국물 요리에 도전해보세요.
청경채를 넣어주면 국물맛이 깔끔해진답니다.

1. 파는 쫑쫑 썰고, 새우는 머리, 껍질, 내장을 제거하고 살을 잘게 썰어주세요.
2. 청경채는 깨끗이 세척한 뒤, 끓는 물에 살짝 데쳐서 물기를 짜고 쫑쫑 썰어주세요.
3. 냄비에 육수를 붓고 1과 양념을 넣고 끓이다가 마지막에 데친 청경채를 넣어 한소끔 더 끓여줍니다.

2~3회 먹을 수 있는 양

재료

☐ 새우살 40g

☐ 청경채 20g

☐ 파 10g

☐ 멸치다시마육수 300ml

양념

☐ 다진마늘 1/4t

☐ 소금 약간

고소한 소고기에 포슬포슬 감자의 조합이 정말 좋아요!
진하고 담백한 맛은 아이들도 좋아한답니다.

소고기감잣국

1. 소고기는 물에 담그거나 키친타월로 꾹꾹 눌러 핏물을 제거한 뒤, 먹기 좋은 크기로 썰어주세요.

2. 파는 쫑쫑 썰고, 감자는 껍질을 제거한 다음 먹기 좋은 크기로 나박썰기 해줍니다.

3. 달궈진 냄비에 참기름을 약간만 넣고 1의 소고기를 볶아주세요.

4. 소고기의 겉면이 익으면 2의 감자를 넣고 함께 볶아줍니다.

5. 육수, 파, 나머지 양념을 넣고 감자가 완전히 익을 때까지 끓여주세요.

 소고기뭇국도 동일한 방법으로 끓일 수 있답니다~!

2~3회 먹을 수 있는 양

재료
☐ 소고기 80g
☐ 감자 100g
☐ 파 20g
☐ 멸치다시마육수 800ml

양념
☐ 국간장 1/2t
☐ 다진마늘 1/2t
☐ 참기름 약간

어느 날 고소한 배추들깻국에 소고기와 된장을 넣어보니 너무 맛있더라고요!
우리 서현이는 그냥 들깻국보다 된장을 넣은 들깨된장국을 훨씬 더 잘 먹는답니다.

소고기배추들깨된장국

1. 소고기는 물에 담그거나 키친타월로 꾹꾹 눌러 핏물을 제거한 뒤, 먹기 좋은 크기로 썰어주세요.
2. 배추는 이파리 한장 한장 깨끗이 씻고, 물기를 털어서 먹기 좋은 크기로 썰어줍니다.
3. 파는 쫑쫑 썰고, 두부도 먹기 좋은 크기로 썰어주세요.
4. 달궈진 냄비에 들기름을 두르고 썰어둔 소고기를 넣고 볶아줍니다.
5. 소고기의 겉면이 익으면 배추를 넣고 볶다가 육수를 부어주세요.
6. 양념을 넣고 배추가 부드럽게 익을 때까지 푹 끓여줍니다.
7. 국이 완성될 때쯤 3을 넣고 한소끔 더 끓여주세요.

2~3회 먹을 수 있는 양

재료
☐ 배추 60g
☐ 소고기 50g
☐ 두부 50g
☐ 파 20g
☐ 멸치다시마육수 500ml

양념
☐ 들기름 1t
☐ 된장 1½t
☐ 국간장 1/2t
☐ 다진마늘 1/2t
☐ 들깻가루 1T

PART 3. 든든한 국 & 탕

미역국은 끓이면 끓일수록 더 부드럽고 맛있는 국이랍니다~!
이렇게 맛있는 미역국에 소고기와 전복을 넣으면 보양식만큼 건강한 메뉴가 됩니다.

소고기전복미역국

1. 볼에 마른미역을 담고 물을 부어 충분히 불려준 다음, 먹기 좋은 크기로 썰어주세요.

2. 소고기는 물에 담그거나 키친타월로 꾹꾹 눌러 핏물을 제거한 뒤, 먹기 좋은 크기로 썰어줍니다.

3. 전복은 솔을 이용해 깨끗이 문질러 씻고 껍데기와 살을 분리해주세요.

4. 전복의 내장, 입을 제거한 뒤, 먹기 좋은 크기로 잘게 썰어주세요.

5. 달궈진 냄비에 참기름을 넣고 미역-소고기-전복 순서대로 넣고 볶아줍니다.

6. 물을 붓고 양념을 넣어준 다음 미역이 부드러워질 때까지 푹 끓여주세요.

3회 먹을 수 있는 양

재료
- □ 불린 미역 100g
- □ 소고기 80g
- □ 전복 2개
- □ 물 800ml

양념
- □ 국간장 1/2t
- □ 참기름 1t
- □ 다진마늘 1/2t
- □ 소금 약간

 들깻가루 1T를 넣어주면 색다르게 고소한 맛이 나요.

콩나물이 들어가서 더 시원하고 감칠맛이 나요!
저는 소고기뭇국보다 이 소고기콩나물국을 더 자주 끓여준답니다.
여기에 고춧가루를 넣으면 서현아빠 해장국으로도 좋은 메뉴가 돼요.

소고기콩나물국

1 파는 쫑쫑 썰고, 콩나물은 다듬어서 깨끗이 씻어주세요.

2 소고기는 물에 담그거나 키친타월로 꾹꾹 눌러 핏물을 제거한 뒤, 먹기 좋은 크기로 썰어줍니다.

3 달궈진 냄비에 참기름을 약간만 두르고 썰어둔 소고기를 넣고 볶아주세요.

4 소고기의 겉면이 익으면 육수를 부은 다음 파, 다진마늘, 콩나물을 넣고 푹 끓여줍니다.

5 소금으로 간을 해주세요.

2~3회 먹을 수 있는 양

재료
- 소고기 80g
- 콩나물 50g
- 파 20g
- 멸치다시마육수 또는 물 600ml

양념
- 참기름 1t
- 다진마늘 1/2t
- 소금 약간

PART 3. 든든한 국 & 탕

순두부와 굴은 식감이 보들보들해서 잘 어울려요.
재료 본연의 맛을 살려서 자극적이지 않게 끓인 메뉴입니다.

순두부굴국

1 굴은 흐르는 물에 깨끗이 씻은 다음 체에 밭쳐 물기를 빼줍니다.

2 무는 얇게 나박썰기 하고, 순두부는 크게 으깨주세요.

3 냄비에 육수를 붓고 무와 양념을 넣고 끓여줍니다.

4 무가 적당히 익으면 굴, 순두부를 넣고 한소끔 더 끓여주세요.

 끓어오르는 거품은 걷어내고, 무가 익을 정도로만 맑게 끓여줍니다.

1~2회 먹을 수 있는 양

재료
□ 굴 100g
□ 순두부 100g
□ 무 50g
□ 멸치다시마육수 500ml

양념
□ 다진마늘 1/4t
□ 새우젓 1/4t

소고기근대된장국

평범한 근대 된장국에 소고기를 넣어 맛과 영양을 더했어요.
근대를 시금치, 아욱으로 대체해도 좋아요.

1. 소고기는 물에 담그거나 키친타월로 꾹꾹 눌러 핏물을 제거한 뒤, 먹기 좋은 크기로 썰어주세요.
2. 근대는 깨끗이 씻어 먹기 좋은 크기로 썰어줍니다.
3. 냄비에 육수를 붓고, 육수가 끓어오르면 1, 2와 양념을 넣어주세요.
4. 끓어오르는 거품은 걷어내고, 근대가 부드럽게 익을 때까지 끓여줍니다.

1~2회 먹을 수 있는 양

재료
- 소고기 80g
- 근대 이파리 5장
- 멸치다시마육수 500ml

양념
- 된장 1t
- 국간장 1/2t
- 다진마늘 1/4t

애호박새우젓국

애호박새우젓볶음(164p. 참고)만큼이나 맛있는 애호박새우젓국이에요.
애호박과 양파가 보들보들 익을 정도로 푹~~ 끓여주세요.
오래 끓일수록 달큰한 맛이 점점 올라온답니다.
새우젓을 넣어 감칠맛도 풍부해요!

1. 애호박을 반달 모양으로 썰고, 양파는 채 썰어주세요.
2. 파는 쫑쫑 썰고, 두부도 먹기 좋은 크기로 썰어줍니다.
3. 냄비에 육수를 붓고 1, 2의 재료와 다진마늘을 넣고 끓여주세요.
4. 애호박과 양파가 부드럽게 익으면 새우젓을 넣어 간을 맞춰줍니다.

2~3회 먹을 수 있는 양

재료
☐ 애호박 120g
☐ 두부 50g
☐ 양파 30g
☐ 파 10g
☐ 멸치다시마육수 600ml

양념
☐ 다진마늘 1/2t
☐ 새우젓 1/4t

어묵콩나물국

아이들은 맑게, 어른들은 고춧가루와 청양고추를 넣고 칼칼하게 끓여주세요.
온 가족이 먹을 수 있는 국이랍니다.
서현이도 서현아빠도 정말 맛있게 먹어요~!

1. 어묵을 먹기 좋은 크기로 썰어줍니다.
2. 파는 쫑쫑 썰고, 콩나물은 다듬어서 깨끗이 씻어줍니다.
3. 냄비에 육수를 붓고 재료와 양념을 넣고 푹 끓여주세요.

2~3회 먹을 수 있는 양

재료
- 어묵 50g
- 콩나물 50g
- 파 10g
- 멸치다시마육수 500ml

양념
- 다진마늘 1/4t
- 국간장 1/2t
- 소금 약간

콩비지국

단백질이 풍부한 콩비지! 최소한의 조리 방법으로 맑고 부드럽게 끓여낸 든든한 메뉴에요.

1 애호박, 양파, 감자를 먹기 좋은 크기로 썰어줍니다.
2 냄비에 육수를 부은 다음 1과 양념을 넣고 끓여주세요.
3 1이 알맞게 익으면 콩비지를 넣고 한소끔 더 끓여줍니다.

2~3회 먹을 수 있는 양

재료
□ 콩비지 150g
□ 애호박 30g
□ 감자 30g
□ 양파 20g
□ 멸치다시마육수 또는
  물 400ml

양념
□ 새우젓 1/2t
□ 다진마늘 1/4t
□ 소금 약간

팽이버섯아욱된장국

된장국은 어떤 재료를 넣어도 대부분 맛있고 잘 어울리죠.
아욱, 근대, 시금치 등등 그냥 먹이기 어려운 녹색 채소가 있다면
맛있는 된장국으로 부드럽게 끓여서 먹여보세요.
부드러운 아욱에 쫄깃한 팽이버섯이 중간중간 씹혀
식감과 맛이 잘 어울리는 된장국이랍니다.

1 아욱을 흐르는 물에 깨끗이 씻은 뒤, 먹기 좋게 썰어주세요.
2 팽이버섯은 쫑쫑 썰고, 두부는 깍둑썰기 해주세요.
3 냄비에 육수를 부은 다음 아욱, 팽이버섯을 넣고 끓여줍니다.
4 육수가 끓어오르면 양념과 두부를 넣고 아욱이 부드럽게 익을 때까지 끓여주세요.

2~3회 먹을 수 있는 양

재료
☐ 아욱 80g
☐ 두부 80g
☐ 팽이버섯 40g
☐ 멸치다시마육수 600ml

양념
☐ 된장 2t
☐ 국간장 1t
☐ 다진마늘 1/2t
☐ 건새우가루 1t

홍합미역국

홍합과 미역이 만나 바다향이 가득한 미역국이에요!
홍합의 비린내만 잘 잡아주면 정말 맛있는 국물 요리예요.

1. 홍합살을 쌀뜨물에 담가 비린내를 덜어주세요. (생략 가능)
2. 볼에 마른미역을 담고 물을 부어 충분히 불려준 뒤, 먹기 좋게 썰어줍니다.
3. 달궈진 냄비에 참기름을 약간만 두른 다음 불린 미역을 볶다가 홍합을 넣고 함께 볶아주세요.
4. 미역과 홍합살이 충분히 볶아지면 물을 붓고 양념을 넣어 푹 끓여줍니다.

2~3회 먹을 수 있는 양

재료
- 불린 미역 100g
- 홍합살 50g
- 물 600ml

양념
- 국간장 1t
- 다진마늘 1/2t
- 참기름 약간

PART 3. 든든한 국 & 탕

황태는 육수로 쓰기에 좋은 재료예요. 황태를 넣으면 국물맛이 좋아져서 육수, 미역국, 콩나물국, 달걀국 등 다양한 메뉴에 활용됩니다. 포슬포슬 부드러운 감자에 구수한 황태를 넣어 뽀얗게 끓여낸 국이에요.

황태감잣국

2~3회 먹을 수 있는 양

재료
- 감자 50g
- 마른황태채 10g
- 양파 20g
- 파 10g
- 멸치다시마육수 600ml

양념
- 참기름 2t
- 국간장 1/2t
- 다진마늘 1/2t

1. 황태채를 흐르는 물에 씻어서 불린 뒤 먹기 좋은 크기로 잘게 썰어주세요.

2. 파는 쫑쫑 썰고, 감자는 나박 썰고, 양파는 채 썰어줍니다.

3. 달궈진 냄비에 참기름을 두른 다음 파, 다진마늘을 볶아주세요.

4. 파와 마늘의 향이 올라오면 황태채, 감자, 양파를 모두 넣고 볶아줍니다.

5. 감자와 양파가 반투명하게 익으면 육수를 붓고 끓여줍니다.

6. 국간장을 넣어 간을 맞추고, 감자가 포슬포슬 익을 때까지 끓여주세요.

 황태의 가시가 걱정되거나 아이가 황태의 식감을 싫어한다면 황태채를 자르지 않은 채로 국에 넣어 끓여주세요. 국물맛이 충분히 우러났을 때 건져주시면 됩니다.

Part 4

편식 걱정 끝! 맛있고 건강한 반찬 & 간식

무침

감자달걀샐러드

감자와 달걀이 만나서 한 끼 반찬 겸 식사로도 좋고,
간식으로도 딱 좋은 요리예요.

2~3회 먹을 수 있는 양

재료
- 감자 100g
- 오이 30g
- 달걀 1개

양념
- 올리고당 2t
- 마요네즈 1t
- 파슬리가루 약간

1. 감자를 깨끗이 씻어 껍질을 벗긴 뒤, 토막을 내서 찜기에 쪄주세요.
2. 냄비에 달걀을 넣고 삶은 다음 잘게 다져줍니다.
3. 오이는 반으로 갈라 씨 부분을 긁어낸 뒤, 잘게 다져주세요.
4. 볼에 찐 감자를 넣고 한 김 식힌 다음 으깨주세요.
5. 4에 2, 3과 양념을 넣고 골고루 섞어줍니다.

숙주나물무침

서현이는 콩나물만큼 숙주나물도 좋아해요!
부담스럽지 않게 최소한의 양념으로 무쳐주면 아주 잘 먹는답니다.

1 숙주나물을 깨끗이 씻은 뒤, 다듬어줍니다.
2 당근을 얇게 채 썰어주세요.
3 숙주나물, 당근을 찜기에 함께 쪄줍니다.
4 볼에 3과 양념을 담고 골고루 무쳐주세요.

2~3회 먹을 수 있는 양

재료
☐ 숙주나물 100g
☐ 당근 5g

양념
☐ 국간장 1/4t
☐ 참기름 1/2t
☐ 통깨 약간

청포묵김무침

탱글탱글한 청포묵의 식감과 고소한 김 맛이 잘 어우러지는 요리예요.
재미있는 식감 때문에 서현이가 자주 찾고 즐겁게 먹는 메뉴랍니다~!

1. 청포묵을 먹기 좋은 크기로 깍둑썰기 해주세요.
2. 끓는 물에 청포묵을 넣고 투명한 색으로 변할 때까지 데쳐줍니다.
3. 청포묵을 체에 밭쳐 물기를 빼주세요.
4. 부추를 먹기 좋은 길이로 쫑쫑 썰고, 김은 잘게 부숴줍니다.
5. 볼에 3, 4와 양념을 넣고 골고루 무쳐주세요.

2~3회 먹을 수 있는 양

재료
☐ 청포묵 100g
☐ 김 2g
☐ 부추 약간

양념
☐ 간장 1t
☐ 들기름 1/2t
☐ 통깨 약간

PART 4. 반찬 & 간식

아삭아삭한 오이에 새콤달콤한 서현이네 양념을 더해
더욱 시원하고 맛있는 오이무침을 맛볼 수 있어요.
더운 여름날 특히 잘 어울리는 밥반찬이랍니다.

오이새콤무침

1 오이를 깨끗이 씻고 가시가 있던 오돌토돌한 부분을 칼로 제거해 주세요.

2 오이를 얇게 원형썰기 해줍니다.

3 썰어둔 오이를 볼에 담고 천일염을 넣은 뒤 오이가 휘어질 정도로 약간만 절여주세요.

4 절인 오이를 물에 가볍게 헹군 다음 물기를 꾹 짜주세요.

5 양념을 넣고 골고루 무쳐줍니다.

잘 익은 완숙 토마토의 씨를 제거하고 함께 버무려주면 맛있는 토마토오이새콤무침이 완성됩니다!

2~3회 먹을 수 있는 양

재료
☐ 오이 100g
☐ 천일염 1t

양념
☐ 올리고당 1/2t
☐ 식초 1/4t
☐ 참기름 1/4t
☐ 깨소금 1t

톳두부무침

서현이에게 처음 톳을 먹일 때 시도했던 메뉴예요.
그 당시엔 톳을 아주 쫑쫑 썰어서 부드러운 연두부에 섞어줬답니다~!

1 톳을 흐르는 물에 깨끗이 세척한 다음 끓는 물에 데쳐주세요.

2 두부를 끓는 물에 데쳐줍니다.

3 톳은 쫑쫑 썰고, 두부는 한 김 식혀 물기를 짠 뒤 칼등으로 으깨주세요.

4 볼에 톳, 두부를 담고 양념과 함께 골고루 섞어주세요.

1~2회 먹을 수 있는 양

재료
☐ 두부 50g
☐ 톳 10g

양념
☐ 참기름 약간
☐ 국간장 약간

PART 4. 반찬 & 간식

맛있는 양념장이 곁들여진다면 가지도 맛있게 먹을 수 있어요.
수분이 많은 가지에 물을 넣어 촉촉하게 볶아낸 맛있는 반찬입니다.

가지볶음

1. 가지를 얇게 반달썰기 하고, 양파는 얇게 채 썰어주세요.
2. 양념장을 만들어줍니다.
3. 달궈진 팬에 기름을 두른 뒤, 양파를 넣고 양파가 반투명해질 때까지 볶아주세요.
4. 양파가 반투명하게 익으면 썰어둔 가지를 넣고 볶아줍니다.
5. 가지의 겉면이 익어갈 때쯤 양념장을 넣고 골고루 섞어가며 졸여주세요.

2~3회 먹을 수 있는 양

재료
- 가지 60g
- 양파 30g

양념
- 국간장 1/2t
- 참기름 1/2t
- 굴소스 1/4t
- 올리고당 1/4t
- 다진마늘 1/4t
- 물 2T

PART 4. 반찬 & 간식

고소한 건새우에 버터와 올리고당을 넣어
바삭바삭 과자처럼 만든 맛있는 간식 겸 반찬이에요.
새우과자처럼 자꾸자꾸 손이 가요~!

건새우볶음

1. 건새우의 뾰족한 머리와 꼬리를 떼어주세요.

2. 달궈진 팬에 손질한 건새우를 넣고 타지 않게 볶아주세요.

3. 건새우 겉면이 흰색을 띠고 바삭함이 느껴지면 버터를 넣고 한 번 더 볶아줍니다.

4. 올리고당을 넣고 골고루 섞은 뒤, 실온에 잠시 두어 그대로 건조해주세요.

3회 이상 먹을 수 있는 양

재료
☐ 건새우 30g
☐ 무염버터 5g

양념
☐ 올리고당 2t

서현이네 꿀팁! 건새우의 머리와 꼬리의 뾰족한 부분에 입을 다칠 수 있으므로 떼어내고 조리해주는 것이 좋아요. 떼어낸 머리와 꼬리는 믹서기로 곱게 갈아 다양한 요리에 천연조미료로 쓸 수 있답니다.

김볶음

마른 김에 양념을 더해 더욱 맛있어진 밥반찬이에요.
서현이도 참 잘 먹어요~!

1 마른 김을 잘게 부숴줍니다.
2 파는 쫑쫑 썰고, 양념장을 만들어주세요.
3 달궈진 팬에 2를 넣고 끓여줍니다.
4 끓어오르면 김을 넣고 골고루 볶아주세요.
5 육수를 넣어 촉촉하게 졸여주세요.

 김을 일회용 위생백에 넣고 부숴주면 아주 간편해요!

1회 먹을 수 있는 양

재료
☐ 김밥김 크기의
   마른 김 3장
☐ 파 약간
☐ 물 또는
   멸치다시마육수 50ml

양념
☐ 간장 1/4t
☐ 올리고당 1/4t
☐ 참기름 1/2t

느타리버섯볶음

느타리버섯은 손쉽게 구할 수 있고,
간단하게 만들어 먹을 수 있는 재료에요.
쫄깃한 식감 때문에 서현이가 아주 좋아하는 메뉴 중 하나랍니다.

1 느타리버섯을 얇게 쭉쭉 찢어 끓는 물에 살짝 데친 뒤 물기를 꾹 짜주세요.

2 양파와 당근을 얇게 채 썰고 파는 쫑쫑 썰어줍니다.

3 달궈진 팬에 참기름을 두른 다음 파와 다진마늘을 넣고 볶아주세요.

4 파와 마늘 향이 올라오면 양파, 당근을 넣고 볶아줍니다.

5 양파가 반투명하게 익었을 때 느타리버섯과 국간장을 넣고 마저 볶아주세요.

1~2회 먹을 수 있는 양

재료
- 느타리버섯 40g
- 양파 20g
- 파 15g
- 당근 10g

양념
- 국간장 1/4t
- 참기름 1/2t
- 다진마늘 1/4t

PART 4. 반찬 & 간식

저는 공동육아를 참 좋아해요. 모두가 즐거운 이 시간!
시판 과자와 음료수보다는 이 떡볶이처럼 건강한 간식과 함께하면 더욱더 좋겠죠?^^
색도 예쁘고 쫄깃쫄깃 달콤한 떡볶이랍니다.

볶음

단호박크림떡볶이

1. 밤단호박의 겉면을 깨끗이 씻은 다음 반으로 잘라줍니다.
2. 밤단호박의 속을 파내고 알맞은 크기로 자른 뒤, 껍질을 제거해주세요.
3. 밤단호박을 찜기에 쪄서 익힌 다음 볼에 담아 으깨주세요.
4. 양파는 채 썰고, 브로콜리는 먹기 좋은 크기로 썰어준 뒤 끓는 물에 살짝 데쳐줍니다.
5. 달궈진 팬에 기름을 두르고 양파, 다진마늘을 볶아주세요.
6. 양파와 마늘 향이 올라오면 우유, 생크림, 소금 약간을 넣고 끓여주세요.
7. 6에 으깬 밤단호박, 조랭이떡, 데친 브로콜리를 넣고 끓이다가 소스가 걸쭉해지면 슬라이스 치즈 1장을 넣고 골고루 잘 섞어줍니다.

온 가족, 친구들과 먹을 수 있는 양

재료
☐ 조랭이떡 200g
☐ 밤단호박 150g
☐ 양파 80g
☐ 브로콜리 50g

양념
☐ 우유 300ml
☐ 슬라이스 치즈 1장
☐ 생크림 100g 또는 올리고당 2t
☐ 다진마늘 1/4t
☐ 소금 약간

PART 4. 반찬 & 간식

바삭하게 튀기거나 양념에 조린 닭다리도 물론 맛있지만,
이렇게 야채와 함께 먹는 닭다리도 자극적이지 않고 담백하니 정말 맛있어요!

닭다리살야채볶음

1 닭다리살은 껍질을 제거하고 지방을 떼어 손질해주세요.
(껍질 제거 생략 가능)

2 손질한 닭다리살을 먹기 좋은 크기로 썰어준 뒤 밑간 양념에 넣고 30분간 재워줍니다.

3 파프리카, 양파, 애호박을 먹기 좋은 크기로 썰어주세요.

4 달궈진 팬에 기름을 두르고 3을 볶아주세요.

5 양파가 반투명하게 익으면 닭다리살을 넣고 노릇하게 익을 때까지 볶아줍니다.

1~2회 먹을 수 있는 양

재료
☐ 닭다리살 50g
☐ 파프리카 20g
☐ 양파 20g
☐ 애호박 20g

밑간
☐ 청주 50ml
☐ 후추 약간
☐ 소금 약간

야채를 부드럽게 익히려면 닭다리살이 완전히 익었을 때 물을 추가해주세요.

당근볶음

당근은 주로 부재료로 많이 쓰이지만,
당근만으로도 간단하게 밥반찬을 만들 수 있어요!
부드럽게 익은 당근은 단맛이 나서 아이들이 좋아한답니다.

1. 당근을 깨끗이 씻은 뒤 가늘게 채 썰어주세요.
2. 달궈진 팬에 기름을 두르고 당근과 양념을 넣어줍니다.
3. 육수를 넣어 당근을 부드럽게 익혀주세요.

2~3회 먹을 수 있는 양

재료
- 당근 100g
- 물 또는 멸치다시마육수 100ml

양념
- 다진마늘 1/4t
- 소금 약간

볶음

돼지고기된장볶음

돼지고기를 주로 간장양념에 버무렸었는데,
우연히 된장을 넣었더니 색다르고 맛있는 고기 요리가 완성됐어요.
간장 맛이 지겨울 때는 된장을 넣고 만들어보세요!

1 양파, 파, 당근, 애호박을 먹기 좋은 크기로 채 썰어주세요.

2 돼지고기에 양념을 넣고 30분 이상 재워줍니다.

3 달궈진 팬에 기름을 살짝 두른 다음 1을 볶다가 충분히 익으면 2를 넣고 함께 볶아주세요.

1~2회 먹을 수 있는 양

재료
☐ 돼지고기 80g
☐ 양파 30g
☐ 대파 20g
☐ 당근 5g
☐ 애호박 5g

양념
☐ 청주 1T
☐ 된장 1t
☐ 맛술 1t
☐ 매실청 1/2t
☐ 간장 1/2t
☐ 다진마늘 1/4t
☐ 참기름 1/4t
☐ 통깨 약간

PART 4. 반찬 & 간식

서현이는 잡채를 정말 정말 좋아해요.
하지만 손이 많이 가는 음식이라 자주 만들어주지는 못한답니다.
잡채를 대신할 수 있도록 간단하게 만들어본 서현이를 위한 메뉴에요.
당면볶음은 만든 뒤 바로 먹는 것이 가장 맛있습니다!

돼지고기당면볶음

1 돼지고기를 얇게 썰어 양념을 넣고 골고루 버무린 뒤 30분 이상 재워주세요.

2 당면은 물에 불리지 않고 끓는 물에 바로 넣어 13~15분간 강불에 끓여 익혀줍니다.

3 익힌 당면은 찬물에 헹군 다음 체에 밭쳐 물기를 빼주세요.

4 표고버섯과 양파를 얇게 채 썰어주세요.

5 달궈진 팬에 참기름을 두르고 1의 돼지고기를 넣고 볶아줍니다.

6 돼지고기가 익어갈 때쯤 당면, 표고버섯, 양파를 넣고 골고루 볶아주세요.

 돼지고기 대신 소고기, 닭고기를 넣어도 좋아요.

1~2회 먹을 수 있는 양

재료
- □ 돼지고기 50g
- □ 익힌 당면 30g
- □ 양파 15g
- □ 표고버섯 10g

양념
- □ 간장 2t
- □ 올리고당 1t
- □ 맛술 1t
- □ 참기름 1t
- □ 다진파 1T
- □ 다진마늘 1/2t
- □ 후추 약간

맛있게 양념한 돼지고기에 아삭한 숙주를 넣어서 만든 볶음요리랍니다.
밥을 넣어 볶음밥으로 만들어주셔도 좋아요~!

돼지고기숙주볶음

1 돼지고기를 먹기 좋은 크기로 썬 다음 양념을 넣고 골고루 섞은 뒤 30분간 재워주세요.

2 숙주와 파를 쫑쫑 썰어줍니다.

3 달궈진 팬에 기름을 두르고 파를 넣어 파기름을 내주세요.

4 파 향이 올라오면 양념해둔 돼지고기를 넣고 볶다가 숙주를 넣고 마저 볶아주세요.

 숙주의 아삭한 맛을 싫어한다면 끓는 물에 찌거나 삶은 다음 조리해주세요!

1회 먹을 수 있는 양

재료
☐ 돼지고기 50g
☐ 숙주 30g
☐ 파 10g

고기 양념
☐ 간장 1/2t
☐ 맛술 1/2t
☐ 올리고당 1/2t
☐ 다진마늘 1/4t
☐ 참기름 1/4t
☐ 후추 약간

볶음

돼지불고기

남녀노소 누구나 좋아하는 국민 반찬 돼지불고기예요.
우리 서현이는 맛있게 만든 불고기만 있으면 밥 한 공기 뚝딱이랍니다!
돼지고기 대신 소고기를 넣어 소불고기로 만들어도 아주 좋아요.

1. 돼지고기를 먹기 좋은 크기로 썰어 양념을 넣고 30분간 재워줍니다.
2. 파는 쫑쫑 썰고, 표고버섯, 애호박, 양파, 당근도 먹기 좋은 크기로 채 썰어주세요.
3. 달궈진 팬에 기름을 약간만 두르고 2를 넣고 볶아주세요.
4. 양파가 반투명하게 익으면 1의 고기를 넣고 마저 볶아줍니다.

2~3회 먹을 수 있는 양

재료
- 돼지고기 180g
- 양파 40g
- 파 20g
- 표고버섯 10g
- 애호박 10g
- 당근 10g

양념
- 간장 2t
- 청주 2t
- 올리고당 1t
- 맛술 1t
- 다진마늘 1/2t
- 참기름 1/2t

무나물

서현이가 유아식에 처음으로 먹었던 나물이 무나물이에요.
말랑말랑하면서도 아삭한 식감에 고소하고
달큰한 맛이 어우러진 맛있는 나물 반찬이랍니다~!

2~3회 먹을 수 있는 양

재료

☐ 무 100g
☐ 파 20g
☐ 천일염 1/2t

양념

☐ 들기름 1t
☐ 다진마늘 1/2t
☐ 소금 약간

1. 파는 쫑쫑 썰고, 무는 깨끗이 씻어준 다음 먹기 좋은 크기로 얇게 채 썰어주세요.
2. 볼에 물 250ml, 천일염, 무를 넣고 무가 휘어질 정도로 절여줍니다.
3. 절인 무를 체에 밭쳐 흐르는 물에 헹궈주세요.
4. 달궈진 팬에 들기름을 넣고 무를 볶아줍니다.
5. 무의 겉면이 익어갈 때쯤 다진마늘, 소금, 파를 넣고 마저 볶아주세요.

서현이네 꿀팁! 무를 아주 부드럽게 익히려면 5번 과정에서 물을 추가해주세요.

PART 4. 반찬 & 간식

햄, 달걀을 싫어하는 아이는 거의 없을 거예요.
식사 준비할 시간이 부족할 때 빠르게 만들 수 있는 밥반찬입니다.

부추햄달걀볶음

1 햄과 영양부추를 먹기 좋은 크기로 썰어주세요.

2 볼에 달걀을 넣고 알끈을 제거한 뒤, 곱게 풀어주세요.

3 달궈진 팬에 기름을 두르고 햄을 볶다가 풀어둔 달걀을 넣어 스크램블에그를 만들어줍니다.

4 달걀이 익어갈 때쯤 부추와 양념을 넣고 골고루 섞어가며 볶아주세요.

 시중에 파는 첨가물이 없는 햄을 선택해 주는 것이 좋습니다. 어린 개월 수의 아이들에게는 조리 전에 햄을 한 번 데쳐주는 것이 좋아요.

1회 먹을 수 있는 양

재료
☐ 햄 20g
☐ 영양부추 10g
☐ 달걀 1개

양념
☐ 굴소스 1/4t
☐ 참기름 1/2t

PART 4. 반찬 & 간식

부드럽게 익은 브로콜리에 들깻가루가 더해진 건강한 반찬이에요.
들깻가루에 가지, 감자 등 다른 재료를 넣어서 만들어도 좋아요.
고소해서 서현이도 아주 잘 먹어요~!

브로콜리들깨볶음

1. 브로콜리를 깨끗이 세척하고 먹기 좋게 잘라준 뒤, 끓는 물에 살짝 데쳐주세요.

2. 양파를 얇게 채 썰어줍니다.

3. 달궈진 팬에 들기름을 두르고 양파, 다진마늘을 넣고 볶아주세요.

4. 양파가 반투명하게 익으면 데친 브로콜리, 들깻가루, 물, 국간장을 넣고 브로콜리가 부드럽게 익을 때까지 조려주세요.

브로콜리를 아주 부드럽게 익히시려면 물을 더 추가해주세요!

2~3회 먹을 수 있는 양

재료
☐ 브로콜리 60g
☐ 양파 20g

양념
☐ 국간장 1t
☐ 들깻가루 2T
☐ 들기름 1t
☐ 다진마늘 1/4t
☐ 물 5T

PART 4. 반찬 & 간식

브로콜리마늘볶음

마늘은 푹 익히면 고소한 단맛이 나요.
마늘 향 가득한 브로콜리 요리! 어른 밥반찬으로도 정말 좋아요.

1. 브로콜리를 깨끗이 세척하고 먹기 좋게 잘라준 뒤, 끓는 물에 살짝 데쳐주세요.
2. 마늘을 얇게 저며줍니다.
3. 달궈진 팬에 참기름을 두르고 2를 넣고 볶아주세요.
4. 마늘 향이 올라오면 브로콜리를 넣고 한 번 더 볶은 뒤, 소금으로 간을 맞춰주세요.

서현이네 꿀팁! 마늘은 충분히 익혀주면 맵지 않아요!

1회 먹을 수 있는 양

재료
☐ 브로콜리 30g
☐ 통마늘 2개

양념
☐ 참기름 1/2t
☐ 소금 약간

브로콜리맛살두부볶음

브로콜리, 맛살, 두부 세 가지가 조화를 이루는 밥반찬이에요.
참기름만 휙~ 둘러주면 별다른 간을 하지 않아도 맛있답니다!

1. 브로콜리를 깨끗이 세척하고 먹기 좋게 잘라준 뒤, 끓는 물에 살짝 데쳐주세요.
2. 두부는 끓는 물에 데친 다음 칼등으로 으깨고 물기를 빼줍니다.
3. 맛살을 결대로 가늘게 찢어주세요.
4. 달궈진 팬에 1, 2, 3 재료와 양념을 넣고 골고루 볶으며 수분을 날려줍니다.

2~3회 먹을 수 있는 양

재료
- 두부 50g
- 브로콜리 20g
- 맛살 20g

양념
- 참기름 약간
- 통깨 약간
- 소금 약간

소고기애호박들깨볶음

서현이가 초기 유아식 때부터 잘 먹었던 메뉴인 애호박들깨볶음!
소고기를 함께 넣어 영양을 더했어요.

1. 소고기는 물에 담그거나 키친타월로 꾹꾹 눌러 핏물을 제거한 뒤, 먹기 좋은 크기로 썰어주세요.
2. 소고기에 밑간 양념을 버무려 30분 이상 재워줍니다.
3. 애호박은 먹기 좋은 크기로 썰고, 파는 쫑쫑 썰어주세요.
4. 달궈진 팬에 들기름을 약간 두르고 파, 애호박을 볶아주세요.
5. 애호박이 반투명하게 익으면 밑간한 소고기를 넣고 마저 볶아줍니다.
6. 소고기가 익으면 육수를 붓고 들깻가루를 넣은 다음 조려주세요.

2~3회 먹을 수 있는 양

재료
- 소고기 80g
- 애호박 80g
- 파 10g
- 멸치다시마육수 또는 물 150ml

소고기 밑간
- 국간장 1/2t
- 다진마늘 1/2t

양념
- 들깻가루 1T
- 들기름 약간

소고기촙스테이크

고기를 잘 씹어서 먹을 수 있다면 촙스테이크도 한번 도전해보세요~!
여러 가지 야채와 함께 곁들여 먹을 수 있어서 영양도 만점인 메뉴랍니다.

1. 소고기는 물에 담그거나 키친타월로 꾹꾹 눌러 핏물을 제거해줍니다.
2. 소고기, 파프리카, 양파를 먹기 좋은 크기로 깍둑썰기 해주세요.
3. 소스를 미리 만들어줍니다.
4. 달궈진 팬에 버터를 두른 다음 파프리카, 양파를 먼저 볶아주세요.
5. 양파가 반투명하게 익으면 소고기, 소스를 넣고 볶아줍니다.

1~2회 먹을 수 있는 양

재료
☐ 소고기 50g
☐ 파프리카 20g
☐ 양파 20g

소스
☐ 올리고당 1t
☐ 케첩 1/2t
☐ 맛술 1/2t
☐ 굴소스 1/2t
☐ 다진마늘 1/4t
☐ 간장 1/4t
☐ 버터 약간

PART 4. 반찬 & 간식

익을수록 달큰하게 맛있는 애호박과 양파로 만든 반찬이에요.
우리 서현이는 이 애호박새우젓볶음으로 애호박과 아주 친해질 수 있었어요.
거부감없이 늘 맛있게 잘 먹어주는 밥반찬이랍니다~!

애호박새우젓볶음

1. 애호박, 양파, 당근을 먹기 좋은 크기로 채 썰어주세요.

2. 달궈진 팬에 참기름을 두르고 애호박, 양파, 당근, 다진마늘을 함께 볶아줍니다.

3. 양파와 애호박 겉면이 익으면 새우젓을 넣고 볶으면서 충분히 익혀주세요.

 부드러운 애호박새우젓볶음을 만드시려면 4번 과정에서 물을 100ml 정도 넣은 뒤, 졸이면서 천천히 익혀주세요. 야채를 푹 익혀주면 아이들이 먹기에 더욱 좋답니다.

2~3회 먹을 수 있는 양

재료
- 애호박 100g
- 양파 50g
- 당근 20g

양념
- 참기름 1/2t
- 다진마늘 1/2t
- 새우젓 1/4t

PART 4. 반찬 & 간식

햄은 그냥 구워도 맛있지만, 식이섬유가 풍부한
양배추를 넣어 맛과 식감을 더욱 살릴 수 있어요!
아이가 양배추를 싫어하더라도 햄과 같이 곁들여주면 맛있게 먹을 거예요!

양배추햄볶음

1 양배추는 채 썰고, 햄은 깍둑 썰고, 파는 쫑쫑 썰어줍니다.

2 달궈진 팬에 기름을 두르고 파를 볶아 파기름을 내주세요.

3 파 향이 올라오면 양배추를 볶다가 햄을 넣고 더 볶아줍니다.

4 양배추와 햄이 알맞게 익으면 굴소스를 넣고 마저 볶아주세요.

 첨가물 없는 건강한 어린이 햄을 쓰면 더 좋답니다!

1~2회 먹을 수 있는 양

재료
☐ 양배추 30g
☐ 햄 30g
☐ 파 20g

양념
☐ 굴소스 1/2t

양배추볶음

맛있게 만들어둔 육수에 양배추를 푹 익히기만 해도
영양가 풍부하고 맛있는 반찬이 된답니다.

1. 파는 쫑쫑 썰고, 양배추는 얇게 채 썰어주세요.
2. 달궈진 팬에 기름을 두른 뒤 양배추, 파를 넣고 볶아줍니다. 이때 소금으로 간을 해주세요.
3. 양배추가 반투명하게 익으면 육수를 붓고 조려가며 익혀주세요.

1~2회 먹을 수 있는 양

재료
☐ 양배추 80g
☐ 파 20g
☐ 멸치다시마육수 또는
　물 150ml

양념
☐ 소금 약간

양송이청경채볶음

우리 가족이 정말 좋아하는 밑반찬 중 하나예요.
맛있게 볶아낸 양송이버섯과 청경채에 굴소스만 넣어줘도
감칠맛이 확~ 살아나고 맛있어져요!

1 양송이는 기둥을 떼고 껍질을 벗긴 뒤, 먹기 좋은 크기로 썰어주세요.

2 청경채는 끓는 물에 살짝 데쳐 물기를 꼭 짠 다음 먹기 좋은 크기로 썰어줍니다.

3 양파는 얇게 채 썰어주세요.

4 달궈진 팬에 기름을 두른 다음 3과 다진마늘을 넣고 볶아줍니다.

5 양파가 반투명하게 익으면 1, 2와 굴소스를 넣고 볶아주세요.

1회 먹을 수 있는 양

재료
☐ 양송이버섯 60g
☐ 청경채 20g
☐ 양파 10g

양념
☐ 굴소스 1/2t
☐ 다진마늘 1/4t

PART 4. 반찬 & 간식

어묵은 볶음, 국, 볶음밥, 김밥 등등 다양하게 쓰이는 재료 중 하나이죠.
빠질 수 없는 국민 반찬 어묵볶음을 아이 입맛에 맞게
자극적이지 않고 부드럽게 만들어봤어요!

어묵볶음

1 어묵을 먹기 좋은 크기로 썰어주세요.

2 파는 쫑쫑 썰고, 당근은 얇게 반달 모양으로 썰고, 양파는 얇게 채 썰어줍니다.

3 달궈진 팬에 기름을 두르고 파, 다진마늘을 볶아줍니다.

4 파와 마늘 향이 올라오면 양파, 당근을 볶다가 어묵을 넣고 한 번 더 볶아주세요.

5 양념을 넣고 맛있게 조려주세요.

 양념에 물을 넣으면 어묵볶음이 더 부드러워진답니다!

2~3회 먹을 수 있는 양

재료
☐ 어묵 100g
☐ 양파 50g
☐ 당근 15g
☐ 파 15g

양념
☐ 물 100ml
☐ 간장 1/2t
☐ 맛술 1/2t
☐ 올리고당 1/2t
☐ 참기름 1/2t
☐ 다진마늘 1/4t
☐ 통깨 약간

PART 4. 반찬 & 간식

오징어는 서현이가 늦게 접한 재료 중 하나예요.
유아식을 이제 막 시작한 아이에게는
오징어 특유의 질긴 식감이 힘들 수 있으니 천천히 시도하는 걸 추천해요~!

오징어볶음

1. 오징어는 깨끗이 세척하여 껍질을 벗긴 뒤, 먹기 좋은 크기로 썰어주세요. (껍질 벗기기 생략 가능)

2. 재료의 야채들을 먹기 좋은 크기로 썰고, 양념장을 만들어줍니다.

3. 달궈진 팬에 기름을 두른 다음 2의 야채를 넣고 볶아주세요.

4. 야채가 적절하게 익으면 오징어와 양념장을 넣고 볶아줍니다.

 오징어는 강불에 빠르게 볶아주면 더 맛있어요!

온 가족이 먹을 수 있는 양

재료
☐ 오징어 1마리
☐ 애호박 50g
☐ 양파 50g
☐ 파 50g
☐ 당근 30g

양념
☐ 간장 2½t
☐ 맛술 1t
☐ 올리고당 1t
☐ 참기름 1/2t
☐ 통깨 약간

PART 4. 반찬 & 간식

국민 반찬 진미채볶음! 아이는 물론 어른들까지 좋아하는 반찬이에요.
간장 베이스로 볶아서 달큰하면서도 쫄깃하니 우리 서현이도 정말 좋아해요~!

간장진미채볶음

1. 진미채를 먹기 좋은 길이로 잘라서 뜨거운 물에 10분간 담근 뒤, 물기를 꼭 짜주세요.

2. 마요네즈를 넣고 버무려서 부드럽게 만들어줍니다.

3. 달궈진 팬에 양념을 붓고, 끓어오르면 2의 진미채를 넣고 잘 버무려주세요.

 냉장고에 장시간 보관하면 딱딱해질 수 있으니 아이가 먹을 때 주의해주세요!

2~3회 먹을 수 있는 양

재료
☐ 진미채 100g

양념
☐ 마요네즈 1T
☐ 올리고당 4t
☐ 간장 2t
☐ 통깨 2t

PART 4. 반찬 & 간식

멸치에 고소한 캐슈너트를 더하니 더욱 맛있고 영양가가 풍부한 반찬이 됐어요.
멸치볶음은 칼슘이 많이 필요한 성장기 아이에게 아주 좋은 반찬이랍니다!

캐슈너트멸치볶음

1. 캐슈너트는 껍질을 제거한 뒤 칼등을 이용하여 으깨주세요.
   (껍질 제거 생략 가능)

2. 달궈진 팬에 멸치를 볶아 수분을 날려준 다음 볼에 담아줍니다.

3. 양념장을 만들어주세요.

4. 달궈진 팬에 양념을 넣고 끓인 뒤 멸치와 캐슈너트를 넣고 볶아줍니다.

5. 수분이 없어질 때까지 볶은 다음 불을 끄고 참기름과 통깨를 넣고 섞어주세요.

2~3회 먹을 수 있는 양

재료
- ☐ 멸치 20g
- ☐ 캐슈너트 5알

양념
- ☐ 간장 1/2t
- ☐ 맛술 1/2t
- ☐ 올리고당 1t
- ☐ 참기름 1/2t
- ☐ 통깨 약간
- ☐ 물 1T

1. 멸치의 짠맛이 염려된다면 쌀뜨물에 담가 짠맛을 덜어낸 뒤 요리해주세요.
2. 멸치볶음의 딱딱한 식감을 싫어하는 아이들에게는 물을 좀 더 추가해서 부드럽게 만들어주세요!

파프리카새송이버섯볶음

서현이가 가장 좋아하지 않는 파프리카와
서현이가 가장 좋아하는 버섯으로 만든 메뉴예요!
저는 서현이가 싫어하는 식재료를 억지로 먹이진 않지만,
이렇게 자연스럽게 노출해주면서 친숙하게 만들어주려고 노력해요.

2~3회 먹을 수 있는 양

재료
☐ 새송이버섯 60g
☐ 파프리카 노랑색 + 빨강색 50g

양념
☐ 소금 약간
☐ 참기름 약간
☐ 통깨 약간

1 파프리카는 반으로 갈라 씨를 제거한 다음 먹기 좋은 크기로 썰어주세요.

2 새송이버섯은 겉면을 가볍게 닦아낸 뒤, 먹기 좋은 크기로 썰어줍니다.

3 달궈진 팬에 기름을 두르고 파프리카와 새송이버섯을 넣고 볶아주세요.

4 3이 익으면 양념을 넣고 마저 볶아줍니다.

볶음

표고버섯들깨볶음

표고버섯의 고소함이 두 배!
들깨를 넣어 고소함이 더해진
쫄깃쫄깃한 버섯 반찬이랍니다.

1 표고버섯을 가볍게 털어 이물질을 덜어주세요.
2 표고버섯의 기둥을 떼고 얇게 채 썰어줍니다.
3 달궈진 팬에 들기름을 약간 넣고 표고버섯을 볶아주세요.
4 표고버섯이 익어갈 때쯤 육수를 부은 다음 국간장, 들깻가루를 넣고 조려줍니다.

2~3회 먹을 수 있는 양

재료
☐ 표고버섯 40g
☐ 물 또는
  멸치다시마육수 100ml

양념
☐ 들깻가루 1T
☐ 국간장 1/4t
☐ 들기름 약간

햄어묵케첩볶음

햄, 어묵, 케첩 양념, 이 세 가지 조합으로 만든 밑반찬이에요!
서현이에게 인기 만점인 메뉴랍니다.

1. 햄, 어묵, 양파를 먹기 좋은 크기로 썰어주세요.
2. 양념장을 만들어줍니다.
3. 달궈진 팬에 기름을 넣고 양파를 볶아주세요.
4. 양파가 반투명하게 익으면 햄, 어묵을 넣고 볶다가 양념장을 넣고 골고루 섞으며 볶아주세요.

2~3회 먹을 수 있는 양

재료
- 햄 50g
- 어묵 50g
- 양파 20g

양념
- 케첩 2t
- 올리고당 1t
- 간장 1/2t
- 다진마늘 1/4t

구이

PART 4. 반찬 & 간식

닭다리살을 꼬치에 꽂아주면 맛은 물론 먹는 재미까지 느낄 수 있어요.
꼬치를 먹을 땐 고기를 분리해서 주거나, 입을 다치지 않도록 주의해주세요!

간장닭꼬치

1. 닭다리살은 껍질을 제거하고 지방을 떼어 손질해주세요.
(껍질 제거 생략 가능)

2. 손질한 닭다리살을 먹기 좋은 크기로 썰어준 뒤, 밑간 양념에 넣고 30분간 재워줍니다.

3. 양념장을 만들어주세요.

4. 밑간한 닭다리살을 꼬치에 끼워주세요.

5. 달궈진 팬에 기름을 두르고 꼬치를 앞뒤 모두 노릇하게 구워줍니다.

6. 겉면이 익으면 양념을 붓고, 꼬치에 양념을 얹어가며 구워주세요.

 양념이 타지 않도록 약불에 조리해주세요~!

2~3회 먹을 수 있는 양
(4~5개)

재료
☐ 껍질을 제거한
  닭다리살 150g

밑간
☐ 청주 50ml
☐ 후추 약간
☐ 소금 약간

양념
☐ 간장 2t
☐ 올리고당 2t
☐ 맛술 1t

PART 4. 반찬 & 간식

관자에 버터 향을 입혀 쫄깃하게 구워낸 요리예요.
유아식에 완전히 적응되어 잘 씹어먹을 수 있는 아이들에게 추천하는 메뉴랍니다.

관자버터구이

1 관자는 깨끗이 세척한 뒤, 칼집을 넣어주세요.

2 볼에 관자를 넣고 밑간 양념을 넣어 20분간 재워줍니다.

3 마늘을 얇게 저며주세요.

4 달궈진 팬에 버터를 녹인 다음 3을 넣고 볶아줍니다.

5 마늘 향이 올라오면 관자를 앞뒤 모두 노릇하게 구운 뒤, 파슬리 가루를 뿌려주세요.

 관자는 통째로 구운 다음 살을 잘게 잘라서 먹여주세요~!

1~2회 먹을 수 있는 양

재료
☐ 관자 3개
☐ 통마늘 2개

밑간
☐ 청주 20ml
☐ 소금 약간
☐ 후추 약간

양념
☐ 버터 약간
☐ 파슬리가루 약간

PART 4. 반찬 & 간식

서현이에게 첫 닭봉 요리로 이 갈릭버터구이를 해줬어요.
작은 손으로 닭봉 끝부분을 잡고 야무지게 뜯던
서현이의 모습이 정말 사랑스러웠답니다~!

닭봉갈릭버터구이

1. 볼에 닭봉, 밑간 양념을 넣고 30분간 재워줍니다.

2. 밑간 후 양념에 골고루 섞어주세요. 이때 버터는 미리 녹여주세요.

3. 오븐 180도에 30분간 노릇하게 구워주세요. 중간에 한 번 뒤집어 줍니다.

 에어프라이어도 가능해요. 제품에 따라 익는 정도가 다르기 때문에 온도와 시간은 적절하게 조절해주세요.

1~2회 먹을 수 있는 양

재료
☐ 닭봉 4개

양념
☐ 버터 10g
☐ 올리고당 1t
☐ 다진마늘 1/2t

밑간 양념
☐ 청주 20ml
☐ 소금 약간
☐ 후추 약간

PART 4. 반찬 & 간식

소고기와 돼지고기가 모두 들어가서 영양 만점인 동시에 아이들에게 인기도 만점인 요리예요.
손이 많이 가긴 하지만 서현이가 너무 맛있게 먹어주는 메뉴랍니다.

구이

함박스테이크

스테이크 만들기

1. 양파를 잘게 다져주세요.
2. 달궈진 팬에 기름을 두른 다음 양파가 갈색빛을 살짝 띨 정도로 볶아주고 한 김 식혀줍니다.
3. 소고기는 물에 담그거나 키친타월로 꾹꾹 눌러 핏물을 제거한 뒤, 잘게 다져주세요.
4. 돼지고기도 함께 잘게 다져줍니다.
5. 볼에 2, 3, 4와 고기 양념을 넣고 골고루 섞어주세요.
6. 반죽한 고기를 먹기 좋은 크기로 동글납작하게 빚어주세요.

소스 만들기 및 마무리

7. 양파, 양송이버섯을 잘게 채 썰어주세요.
8. 달궈진 냄비에 기름을 두른 다음 7을 볶다가 전분물을 제외한 소스를 넣고 끓여주세요.
9. 소스가 알맞게 졸아들면 전분물을 넣고 재빨리 섞어줍니다.
10. 달궈진 팬에 기름을 두른 다음 6의 반죽한 고기를 앞뒤 모두 노릇하게 구워주세요.
11. 고기가 알맞게 익으면 접시에 담고 9의 소스를 부어줍니다.

2~3회 먹을 수 있는 양

재료
- 소고기 100g
- 돼지고기 100g
- 양파 50g

고기 양념
- 간장 1t
- 올리고당 2t
- 케첩 1t
- 다진마늘 1/2t
- 빵가루 4T

소스
- 양파 20g
- 양송이버섯 20g
- 케첩 1/2t
- 올리고당 1/2t
- 간장 1/2t
- 물 200ml
- 전분물 2t

조림

고등어조림

고등어는 흰살생선보다 각종 비타민이 풍부하다고 해요.
맛있는 조림양념에 조려주면 맛도 좋고 영양도 좋은 반찬 완성이에요!

1. 고등어살을 쌀뜨물에 담가 비린내를 덜어주세요.
2. 무는 얇게 나박 썰고, 파는 쫑쫑 썰고, 양파는 얇게 채 썰어줍니다.
3. 달궈진 팬에 참기름을 두르고 무, 양파, 파를 넣고 볶아주세요.
4. 양파가 반투명하게 익으면 고등어살을 올리고 육수와 양념을 넣어 끓여줍니다.
5. 고등어살에 양념을 얹어가며 조려주세요.

1회 먹을 수 있는 양

재료
- 손질 고등어살 40g
- 무 30g
- 양파 20g
- 파 10g
- 멸치육수 200ml

양념
- 올리고당 1/4t
- 간장 1t
- 다진마늘 1/4t
- 다진생강 약간
- 참기름 약간

PART 4. 반찬 & 간식

촉촉한 감자와 아삭아삭한 양파! 달달하면서도 짭조름한 조림 반찬이에요.
너무 과하지 않게 간을 하면 아이들이 먹기에 딱 좋답니다.

감자양파조림

1. 감자와 양파를 먹기 좋은 크기로 깍둑썰기 해주세요.
2. 양념장을 만들어줍니다.
3. 달궈진 팬에 기름을 두르고 감자, 양파를 겉면이 익을 정도로만 살짝 볶아주세요.
4. 양념을 넣고 감자가 푹 익을 때까지 조려줍니다.

 감자를 살짝 볶아서 조려주면 모양이 으스러지지 않고 깔끔하게 완성됩니다.

1~2회 먹을 수 있는 양

재료
☐ 감자 60g
☐ 양파 60g

양념
☐ 간장 1t
☐ 올리고당 1t
☐ 참기름 1/2t
☐ 물 200ml

PART 4. 반찬 & 간식

고구마와 닭고기는 찰떡궁합으로 잘 어울리는 식재료예요.
닭다리살로 요리해서 질기지도 않고 아주 부드러워요!

고구마간장찜닭

1 닭다리 2개의 껍질과 지방을 제거하고 칼로 칼집을 넣어주세요.
(껍질 제거 생략 가능)

2 밑간 양념에 닭다리를 넣고 30분간 재워줍니다.

3 양파, 고구마, 당근을 먹기 좋은 크기로 썰어주세요.

4 양념장을 미리 만들어줍니다.

5 냄비에 물을 붓고 물이 끓으면 모든 재료와 양념을 넣어주세요.

6 닭다리와 야채가 부드럽게 익을 때까지 조려주세요.

1~2회 먹을 수 있는 양

재료
☐ 닭다리 2개
☐ 고구마 60g
☐ 양파 30g
☐ 당근 20g
☐ 물 500ml

밑간
☐ 청주 50ml
☐ 후추 약간
☐ 소금 약간

양념
☐ 간장 2t
☐ 올리고당 1t
☐ 매실청 1t
☐ 맛술 1t
☐ 참기름 1/2t
☐ 다진마늘 1/4t

PART 4. 반찬 & 간식

닭날개에 윤기가 자르르~~ 보기에도 먹음직스럽죠?
서현이가 간식으로도 잘 먹고 반찬으로도 아주 좋아하는 음식이랍니다!

닭날개조림

1 볼에 닭날개, 밑간 양념을 넣고 30분간 재워주세요.

2 닭날개를 밑간하며 재우는 동안 양념장을 미리 만들어줍니다.

3 달궈진 팬에 기름을 두르고 밑간한 닭날개를 넣어 익혀주세요.

4 닭날개의 겉면이 하얗게 익어갈 때쯤 만들어둔 양념장을 넣고 조려줍니다.

닭봉, 닭다리를 사용해도 괜찮습니다.

온 가족이 먹을 수 있는 양

재료
☐ 닭날개 300g
　(약 12개)

양념
☐ 간장 1T
☐ 맛술 1T
☐ 올리고당 1T
☐ 다진마늘 1t
☐ 다진파 2T
☐ 물 100ml

밑간 양념
☐ 청주 100ml
☐ 소금 약간
☐ 후추 약간

조림

닭날개카레조림

서현이가 좋아하는 카레와 닭날개가 만났어요.
부드러운 닭날개에 카레 향이 솔솔~!

1. 닭날개를 밑간 양념에 넣고 30분간 재워주세요.
2. 당근과 양파를 먹기 좋은 크기로 썰어줍니다.
3. 달궈진 팬에 기름을 두른 다음 양파, 당근을 볶다가 양념을 넣고 끓여주세요.
4. 밑간한 닭날개를 넣고 조려줍니다.

서현이네 꿀팁! 닭고기의 다른 부위로 만드셔도 좋아요!

2~3회 먹을 수 있는 양

재료
☐ 닭날개 180g
☐ 양파 50g
☐ 당근 20g

밑간
☐ 청주 50ml
☐ 소금 약간
☐ 후추 약간

양념
☐ 물 300ml
☐ 카레가루 1T
☐ 간장 1t
☐ 올리고당 1t
☐ 맛술 2t

당근조림

서현이는 푹 익힌 당근을 좋아해요.
색감도 영양도 맛도 좋아서 반찬에 자주 노출해준답니다.
당근을 더욱 맛있게 먹일 방법을 생각하다가 만들게 된 메뉴에요.

1. 당근을 깨끗이 세척한 뒤, 먹기 좋은 크기로 썰어주세요.
2. 당근의 모서리를 깎아 둥글게 만들어줍니다.
3. 냄비에 양념, 당근을 넣고 당근이 부드럽게 익을 때까지 충분히 조려주세요.

서현이네 꿀팁! 당근이 으스러질 만큼 부드럽게 익히려면 물을 추가해주세요.

3회 이상 먹을 수 있는 양

재료
☐ 당근 250g

양념
☐ 간장 1/2t
☐ 올리고당 1/2t
☐ 물 300ml

메추리알조림

한입에 쏘옥~
메추리알은 모두에게 사랑받는 메뉴지요!
메추리알 하나면 반찬 걱정도 끝이랍니다!

1 냄비에 물을 붓고 재료와 양념을 모두 넣어 강불에 끓여주세요.
2 물이 끓어오르면 다시마를 건져줍니다.
3 메추리알에 양념이 골고루 배도록 저어가며 조려주세요.

온 가족이 먹을 수 있는 양

재료
□ 삶아서 깐 메추리알 270g
□ 통마늘 2알
□ 다시마 1조각
□ 물 300ml

양념
□ 간장 2T
□ 올리고당 2t
□ 맛술 2t

PART 4. 반찬 & 간식

무조림

생선조림에 들어있는 무가 더 맛있을 때가 있죠~
생선 없이도 맛있게 만들 수 있는 무조림!
우리 서현이에게도 맛보여주고 싶어서 만들어봤어요!

2~3회 먹을 수 있는 양

재료
☐ 무 150g
☐ 파 20g
☐ 멸치다시마육수 500ml

양념
☐ 국간장 1t
☐ 올리고당 1/2t
☐ 다진마늘 1/2t

1. 무를 깨끗이 씻은 뒤 두툼한 두께로 썰어주세요.
2. 달궈진 팬에 기름을 약간만 두른 뒤, 무의 양쪽 겉면을 살짝 익혀 줍니다. (생략 가능)
3. 육수와 양념을 넣고 무를 뒤집어가며 부드럽게 익을 때까지 조려 주세요.

서현이네 꿀팁! 겉면을 살짝 익혀주면 무가 으스러지지 않고 모양이 그대로 유지됩니다!

밤단호박은 그냥 쪄서 먹어도 맛있지만
조림으로 만들면 훨씬 부드럽고 맛있게 먹을 수 있답니다!

밤단호박조림

1. 단호박은 겉면을 깨끗이 닦아 반으로 가른 다음 씨를 파주세요.
2. 단호박을 먹기 좋은 크기로 잘라줍니다.
3. 팬에 단호박, 올리고당, 설탕을 넣고 1시간 이상 절여주세요.
4. 단호박의 노랗고 맛있는 단물이 나오면 물과 간장을 넣고 끓여주세요.
5. 물이 완전히 없어질 때까지 조려줍니다.

 호두, 캐슈너트, 건포도 등 견과류를 넣어주면 더욱 맛있어요!

**3회 이상
먹을 수 있는 양**

재료
☐ 미니 밤단호박 1개

양념
☐ 물 300ml
☐ 올리고당 2T
☐ 설탕 1t
☐ 간장 1t

PART 4. 반찬 & 간식

삼치는 살이 도톰하고 부드러운 생선이에요.
그냥 구워 먹어도 맛있지만 조림양념에 조려주면
더욱 맛있게 먹을 수 있답니다!

조림

삼치조림

1. 손질된 삼치는 쌀뜨물에 담가 비린내를 덜어주세요. (생략 가능)

2. 삼치의 물기를 제거한 다음 전분가루를 골고루 묻혀줍니다.

3. 달궈진 팬에 기름을 넉넉히 두르고 2를 튀기듯 구워주세요.

4. 전분가루를 입힌 겉면이 딱딱하게 익었을 때쯤 팬의 남은 기름을 덜어내고 양념을 넣어주세요.

5. 양념이 잘 밸 수 있도록 양념을 끼얹어가며 조려줍니다.

 서현이네 꿀팁!
삼치를 1.5cm 정도의 크기로 작게 썰어서 만들어주시면 한입에 쏙 먹을 수 있는 삼치강정이 됩니다.

1회 먹을 수 있는 양

재료
- 손질된 삼치 약 40g 한 토막
- 전분가루 1T

양념
- 간장 1/2t
- 올리고당 1/2t
- 맛술 1/2t
- 물 50ml

PART 4. 반찬 & 간식

유아식에 있어서 고기 섭취는 정말 중요하죠~!
고기를 넣을 수 있는 메뉴라면 늘 고기를 넣어서 음식을 만들었던 것 같아요.
두부조림에 고기를 넣어 영양을 더했답니다.

소고기두부조림

1. 소고기는 물에 담그거나 키친타월로 꾹꾹 눌러 핏물을 제거해주세요.

2. 핏물 뺀 소고기를 먹기 좋은 크기로 썰어준 뒤, 양념을 넣고 10분간 재워줍니다.

3. 두부는 먹기 좋은 크기로 썰고, 파는 쫑쫑 썰어주세요.

4. 달궈진 팬에 기름을 두르고 두부를 앞뒤 모두 노릇하게 부쳐줍니다.

5. 부친 두부를 한쪽에 밀어놓고, 기름을 추가로 두른 다음 파를 넣어 파기름을 내주세요.

6. 파기름에 양념해둔 소고기를 넣고 볶아주세요.

7. 육수를 붓고 두부와 소고기를 조려줍니다.

 서현이네 꿀팁! 돼지고기, 닭고기로 만들어주셔도 아주 좋아요!

2~3회 먹을 수 있는 양

재료
- 소고기 50g
- 두부 100g
- 파 30g
- 물 또는 멸치다시마육수 100ml

양념
- 간장 2t
- 올리고당 1/2t
- 맛술 1/2t

새송이버섯버터간장조림

쫄깃쫄깃 식감이 일품인 새송이버섯을 조림으로 만들었어요!
씹을 때마다 나오는 버섯의 육즙과 버터 향이 정말 고소하고 맛있어요.

1. 새송이버섯을 먹기 좋은 크기로 썰어준 뒤, 양념이 잘 밸 수 있도록 칼집을 넣어주세요.
2. 양념장을 만들어줍니다.
3. 달궈진 팬에 버터를 두르고 새송이버섯을 앞뒤로 노릇하게 구워주세요.
4. 구워진 버섯에 양념장을 붓고 완전히 조려줍니다.

2~3회 먹을 수 있는 양

재료
☐ 새송이버섯 100g
☐ 버터 3g

양념
☐ 간장 1/2t
☐ 올리고당 1/2t
☐ 물 100ml

연근조림

아이들에게 연근을 먹이기란 쉽지 않죠.
이렇게 달짝지근한 양념을 넣고 부드럽게 조려주면
자꾸자꾸 먹고 싶어지는 반찬이 될 거예요.

1. 연근은 껍질을 벗긴 뒤 얇게 썰어줍니다.
2. 연근을 식초물에 30분 이상 담가둔 뒤 헹궈주세요.
3. 냄비에 재료와 양념을 넣고 연근에 양념이 잘 배도록 완전히 조려줍니다.

**온 가족이
먹을 수 있는 양**

재료
☐ 연근 200g
☐ 물 500ml
☐ 식초물
　(물 2컵 : 식초 2t)

양념
☐ 간장 4t
☐ 올리고당 4t
☐ 매실청 1t

PART 4. 반찬 & 간식

서현이는 첫 유아식 때부터 양송이버섯을 가장 좋아했어요.
간을 하지 않고 쪄주거나 볶기만 해도 늘 1등으로 먼저 먹는 재료랍니다.
이 양송이간장조림은 양송이버섯을 더욱 맛있게 먹이기 위해 만든 메뉴로,
짜지 않고 감칠맛이 날 정도로만 양념을 만들어서 조린 밥반찬이랍니다!

양송이간장조림

1. 양송이버섯을 가볍게 털어준 뒤, 기둥을 떼고 겉껍질을 벗겨줍니다.
2. 냄비에 육수와 양념을 넣고 끓여주세요.
3. 양념이 끓어오르면 양송이버섯을 뒤집은 상태로 올려주세요.
4. 양송이버섯에 물이 생기면 뒤집어줍니다.
5. 앞뒤로 뒤집어가며 양념에 조린 다음 통깨를 뿌려주세요.

 새송이버섯, 만가닥버섯, 팽이버섯 등의 다른 버섯으로 요리해도 좋아요!

2~3회 먹을 수 있는 양

재료
☐ 양송이버섯 5~7개
☐ 멸치다시마육수 200ml

양념
☐ 간장 1t
☐ 올리고당 1t
☐ 통깨 약간

전

가지전

가지를 가장 쉽고 맛있게 먹을 수 있는 방법!
달걀물을 입혀서 고소하고 폭신폭신한 식감의 반찬입니다.
첫 유아식을 시작하는 아이들에게도 자극적이지 않고 딱 좋아요.

1 가지를 깨끗이 씻은 다음 얇게 썰어주세요.

2 볼에 달걀을 넣고 알끈을 제거한 뒤, 소금을 약간만 넣고 곱게 풀어 줍니다.

3 가지에 달걀물을 골고루 묻혀주세요.

4 달궈진 팬에 기름을 두르고 가지를 앞뒤로 노릇하게 구워줍니다.

2~3회 먹을 수 있는 양

재료
☐ 가지 80g
☐ 달걀 1개

양념
☐ 소금 약간

PART 4. 반찬 & 간식

게살 또는 게맛살로 간편하게 만들 수 있는 전이에요.
게살이 부드럽게 씹혀서 어린 개월 수의 아이들도 부담 없이 먹을 수 있답니다.

게살야채전

1. 당근, 애호박, 양파를 잘게 다져줍니다.

2. 볼에 달걀을 넣고 알끈을 제거한 다음 곱게 풀어주세요.

3. 2에 1과 게살, 밀가루를 넣고 골고루 섞어줍니다.

4. 달궈진 팬에 기름을 두르고 먹기 좋은 크기로 앞뒤 모두 노릇하게 부쳐주세요.

 서현이네 꿀팁!

전 종류에 들어가는 야채를 부드럽게 먹이려면!
1. 알맞은 크기로 다진 다음 전자레인지 용기에 넣고 물을 1큰술 정도 넣은 뒤 쪄줍니다.
2. 찜기에 쪄줍니다.
위의 두 가지 방법으로 야채를 익힌 다음 조리하면 아이가 더 부드럽게 먹을 수 있답니다! 야채 거부감 있는 아이라면 조리 전에 이 과정을 한 번만 거쳐주세요.

1~2회 먹을 수 있는 양

재료
☐ 게살 50g
☐ 당근 10g
☐ 애호박 10g
☐ 양파 10g
☐ 달걀 1개

양념
☐ 밀가루 또는 부침가루 2t
☐ 소금 약간

PART 4. 반찬 & 간식

서현이가 밥을 잘 먹지 않았을 때 만들어줬던 메뉴랍니다.
달큰한 고구마와 단호박이 만나면 없던 입맛도 다시 돌아오나 봐요~!

고구마단호박찹쌀전

1. 밤단호박은 깨끗이 씻은 다음 반으로 갈라서 속을 파주세요.
2. 고구마, 단호박을 토막 낸 뒤, 찜기에 쪄줍니다.
3. 볼에 찐 고구마, 단호박을 넣고 으깬 다음 찹쌀가루, 전분가루를 넣고 골고루 섞어주세요.
4. 3을 동글납작하게 빚어주세요.
5. 달궈진 팬에 기름을 두르고 앞뒤 모두 노릇하게 구워줍니다.

 고구마와 단호박의 상태에 따라 찹쌀가루와 전분가루의 양을 조절해주세요.

2~3회 먹을 수 있는 양

재료
☐ 호박고구마 50g
☐ 밤단호박 50g
☐ 찹쌀가루 1T
☐ 전분가루 1/2t

PART 4. 반찬 & 간식

닭고기, 두부, 야채가 모두 들어간 영양만점 맛있는 밥반찬이에요!
간을 하지 않아도 맛있고 부드러운 식감이라
서현이가 어렸을 때부터 좋아했던 메뉴랍니다.

닭안심동그랑땡

1. 닭안심살의 힘줄과 겉에 붙어있는 얇은 막을 제거해주세요.
2. 닭안심살을 끓는 물에 넣고 완전히 익힌 다음 잘게 다져줍니다.
3. 두부는 물기를 짜지 않은 채로 으깨주세요.
4. 애호박, 당근, 양파, 파를 잘게 다져줍니다.
5. 볼에 2, 3, 4 재료와 달걀, 밀가루를 넣어주세요. 너무 질퍽하지 않도록 밀가루로 농도를 조절해주세요.
6. 달궈진 팬에 기름을 두른 다음 반죽을 한 스푼씩 떠서 앞뒤로 노릇하게 천천히 익혀줍니다.

1. 야채를 부드럽게 먹이려면 4번 과정에서 야채를 볶아 수분을 날리며 익혀주세요.
2. 기호에 따라 소금을 넣어 간을 맞추거나, 케첩이나 허니머스타드 소스 등과 함께 먹어도 좋습니다!

온 가족이 먹을 수 있는 양

재료
- 닭안심살 80g
- 두부 100g
- 양파 15g
- 애호박 10g
- 당근 10g
- 파 10g
- 달걀 1개
- 밀가루 또는 부침가루 1~2T

PART 4. 반찬 & 간식

부드러운 두부에 탱글탱글한 새우살이 씹혀 맛있는 요리예요.
서현이도 거부감 없이 잘 먹는 반찬이랍니다!

두부새우전

1 새우는 머리, 껍질, 내장을 제거한 다음 살을 잘게 썰어주세요.

2 당근, 애호박, 양파를 잘게 다져줍니다.

3 두부는 칼등을 이용해서 으깨주세요. 이때 두부의 물기는 제거하지 않습니다.

4 볼에 1, 2, 3 재료와 밀가루 또는 부침가루를 넣은 다음 소금을 약간만 넣어주세요.

5 모든 재료를 골고루 섞어주세요.

6 달궈진 팬에 기름을 두르고 먹기 좋은 크기로 앞뒤 모두 노릇하게 부쳐줍니다.

1~2회 먹을 수 있는 양

재료
- 새우살 30g
- 두부 30g
- 당근 5g
- 애호박 5g
- 양파 5g
- 밀가루 또는 부침가루 1T

양념
- 소금 약간

PART 4. 반찬 & 간식

탱글탱글한 새우살에 부드러운 미역이 잘 어울리는 전이에요.
겉모양은 예쁘지 않지만, 맛과 영양은 최고랍니다~!
한입 맛보면 자꾸자꾸 먹고 싶어지는 메뉴예요.

새우미역전

1. 미역을 물에 30분 이상 불린 다음 먹기 좋은 크기로 썰어주세요.

2. 새우는 머리, 껍질, 내장을 제거한 뒤, 살을 잘게 썰어줍니다.

3. 양파를 곱게 다져주세요.

4. 볼에 1, 2, 3을 담고 양념을 넣어 골고루 섞어줍니다.

5. 달궈진 팬에 기름을 두르고 4를 앞뒤 모두 노릇하게 부쳐주세요.

 각종 해물을 넣어주면 더욱더 맛있답니다~!

1~2회 먹을 수 있는 양

재료
☐ 새우살 30g
☐ 불린 미역 20g
☐ 양파 10g

양념
☐ 밀가루 또는 부침가루 1T
☐ 물 1t
☐ 소금 약간

브로콜리옥수수전

제철 옥수수에 브로콜리와 치즈를 넣어 전을
만들어봤는데 맛의 궁합이 정말 좋더라고요.
옥수수는 병조림 옥수수를 구입하고 적당량을 소분해서 냉동 보관하고 있어요.

1 브로콜리를 먹기 좋은 크기로 썰어준 뒤 깨끗이 씻어서 끓는 물에 데쳐주세요.
2 옥수수를 찜기에 쪄주세요.
3 브로콜리는 잘게 다지고, 옥수수는 알알이 떼어줍니다.
4 볼에 3과 모짜렐라치즈, 양념을 넣고 골고루 섞어주세요.
5 달궈진 팬에 기름을 두르고 앞뒤로 노릇하게 부쳐줍니다.

2~3회 먹을 수 있는 양

재료
☐ 옥수수 40g
☐ 브로콜리 20g
☐ 모짜렐라치즈 30g

양념
☐ 밀가루 또는
  부침가루 2T
☐ 전분가루 1/4t
☐ 물 2T
☐ 소금 약간

소고기육전

서현이 아빠가 육전을 정말 좋아해서 일주일에 한 번은 꼭 먹어요.
그때마다 우리 서현이도 아빠와 함께 이 육전을 맛있게 먹는답니다.
부드러운 고기에 달걀물을 입혀서 더욱 고소해요~!

1. 소고기는 키친타월로 꾹꾹 눌러 핏물을 제거한 뒤, 소금을 뿌려 밑간을 해줍니다.
2. 볼에 달걀을 넣고 알끈을 제거한 다음 곱게 풀어주세요.
3. 밑간한 소고기에 찹쌀가루를 앞뒤로 골고루 묻힌 다음 풀어둔 달걀물을 묻혀주세요.
4. 달궈진 팬에 기름을 약간만 두르고 소고기를 부쳐줍니다.

서현이네 꿀팁! 서현이는 부챗살로 만든 육전을 가장 좋아해요.

1~2회 먹을 수 있는 양

재료
□ 육전용 소고기 80g
□ 달걀 1개

양념
□ 소금 약간
□ 찹쌀가루 3T

PART 4. 반찬 & 간식

연근을 맛있게 먹일 방법! 여기 또 있어요~!
연근을 믹서기에 갈아 있는 듯 없는 듯 자연스럽게 먹일 수 있는 메뉴예요.
연근이 숨어 있는 맛있는 소고기전입니다.

소고기연근전

1. 소고기는 물에 담그거나 키친타월로 꾹꾹 눌러 핏물을 제거한 뒤, 잘게 다져주세요.

2. 소고기에 밑간 양념을 넣고 30분간 재워줍니다.

3. 연근은 껍질을 벗긴 다음 얇게 썰어서 식초물에 30분 이상 담갔다가 헹궈주세요.

4. 믹서기에 3, 양파를 넣고 갈아줍니다.

5. 4에 2와 달걀노른자, 양념을 넣고 골고루 섞어주세요.

6. 달궈진 팬에 기름을 두르고 먹기 좋은 크기로 앞뒤 모두 노릇하게 부쳐주세요.

1~2회 먹을 수 있는 양

재료
- 소고기 50g
- 연근 30g
- 양파 30g
- 달걀노른자 1개
- 식초물
  (물 2컵 : 식초 2t)

소고기 밑간
- 간장 1/2t
- 다진파 약간

양념
- 밀가루 또는
  부침가루 2t
- 소금 약간

PART 4. 반찬 & 간식

쑥갓은 향이 강한 채소지만 단맛을 내는 양파와 당근을 넣어
부쳐주면 더욱더 향긋하고 맛있는 전으로 완성돼요!
쑥갓 대신 미나리를 넣어도 좋답니다.

쑥갓전

1. 쑥갓을 깨끗이 씻어서 이파리만 떼어내고 먹기 좋게 쫑쫑 썰어주세요.
2. 당근과 양파를 얇게 채 썰어줍니다.
3. 볼에 반죽물을 넣고 잘 저어준 다음 1, 2를 넣고 골고루 섞어주세요.
4. 달궈진 팬에 기름을 두르고 먹기 좋은 크기로 앞뒤 모두 노릇하게 부쳐줍니다.

단맛을 내는 양파는 꼭 넣어주세요~! 그래야 맛도 좋고 아이들이 잘 먹을 거예요!

1~2회 먹을 수 있는 양

재료
☐ 쑥갓 10g
☐ 양파 10g
☐ 당근 5g

반죽물
☐ 물 4T
☐ 밀가루 또는
  부침가루 3T

PART 4. 반찬 & 간식

야채달걀말이도 빠질 수 없는 국민 반찬 중 하나지요.
달걀말이에 김, 두부, 낫또, 나물 등 여러 가지 재료를 넣어서 만들어보세요.

야채달걀말이

1 볼에 달걀을 넣고 알끈을 제거한 다음 곱게 풀어주세요.

2 당근, 애호박, 양파를 잘게 다져줍니다.

3 달궈진 팬에 기름을 두르고 2를 넣어 살짝 볶아 익혀주세요.
(생략 가능)

4 1, 3을 골고루 섞어줍니다.

5 달궈진 팬에 기름을 두르고 달걀물을 부은 다음 끝부분부터 말아서 달걀말이를 만들어주세요.

6 만들어진 달걀말이는 10분 정도 식힌 뒤 칼로 썰어주세요.

 서현이네 꿀팁!
달걀말이는 바로 썰면 모양이 흐트러질 수 있어요. 10분 정도 식힌 뒤에 써는 것이 좋아요.

1회 먹을 수 있는 양

재료
☐ 달걀 1개
☐ 당근 5g
☐ 애호박 5g
☐ 양파 5g

양념
☐ 소금 약간

애호박전

애호박, 양파로 만든 애호박전에 건새우가루를 한 스푼만 넣어보세요!
맛이 훨씬 풍부해진답니다.
우리 서현이가 새우과자 맛이 난다며 맛있게 잘 먹어줬던 메뉴에요.

1. 건새우를 믹서기에 곱게 갈아줍니다.
2. 애호박, 양파를 얇게 채 썰어주세요.
3. 볼에 반죽물 재료를 넣고 저어준 뒤 애호박, 양파, 건새우가루를 넣고 골고루 섞어주세요.
4. 달궈진 팬에 기름을 두른 다음 먹기 좋은 크기로 앞뒤 노릇하게 부쳐줍니다.

1~2회 먹을 수 있는 양

재료
- 애호박 40g
- 양파 20g
- 건새우가루 1t

반죽물
- 밀가루 또는 부침가루 3T
- 물 3T

오징어감자전

오징어와 감자의 조합은 생소하게 느껴질 수도 있지만,
맛의 조합이 정말 좋은 재료들이에요.
쫄깃한 오징어살에 부드러운 감자가 씹혀서 정말 맛있어요~!

1 손질된 오징어, 감자, 양파를 잘게 썰어주세요.

2 볼에 1, 반죽 양념을 넣고 골고루 섞어줍니다.

3 달궈진 팬에 기름을 두르고 먹기 좋은 크기로 앞뒤 모두 노릇하게
   부쳐주세요.

2~3회 먹을 수 있는 양

재료
☐ 오징어살 30g
☐ 감자 30g
☐ 양파 30g

반죽 양념
☐ 밀가루 또는
   부침가루 1T
☐ 전분가루 2t
☐ 물 1T
☐ 소금 약간

PART 4. 반찬 & 간식

시금치, 청경채, 참나물 등 잎채소를 먹이기 어려울 때 생각했던 메뉴예요.
잎채소를 잘게 다져서 달걀에 풀어주면 모양도 예쁘고 자연스럽게 먹일 수 있답니다.

청경채달걀말이

1. 볼에 달걀을 넣고 알끈을 제거한 뒤, 소금을 약간만 넣고 곱게 풀어주세요.

2. 청경채 이파리는 끓는 물에 데친 다음 물기를 짜서 잘게 다져줍니다.

3. 1과 2를 골고루 섞어주세요.

4. 달궈진 팬에 기름을 두르고 달걀물을 부은 다음 끝부분부터 말아서 달걀말이를 만들어줍니다.

5. 만들어진 달걀말이는 10분 정도 식힌 뒤 칼로 썰어주세요.

1회 먹을 수 있는 양

재료
☐ 달걀 1개
☐ 청경채 이파리 15g

양념
☐ 소금 약간

PART 4. 반찬 & 간식

감자전만큼이나 맛있는 색다른 식감의 감자채전!
여기에 아이들이 좋아하는 치즈까지 싸악~ 올려주면 더욱 고소하고 맛있어져요.

치즈감자채전

1. 감자 껍질을 제거한 다음 얇고 짧게 채 썰어주세요.
2. 슬라이스치즈는 네모모양으로 잘라줍니다.
3. 볼에 1과 양념을 넣고 골고루 버무려주세요.
4. 달궈진 팬에 기름을 두른 다음 3을 스푼으로 조금씩 떠서 팬 위에 올려주세요.
5. 전의 모양을 잡아가며 부쳐줍니다.
6. 감자채전이 익으면 잘라둔 치즈를 바로 올려 치즈를 녹여주세요.

1~2회 먹을 수 있는 양

재료
☐ 감자 100g
☐ 슬라이스치즈 1/2장

양념
☐ 밀가루 또는 부침가루 2T
☐ 소금 약간
☐ 물 2T

1. 채 썬 두께가 얇아야 감자가 금방 익고, 길이가 짧아야 전 부칠 때 모양이 예쁘게 잡혀요!
2. 감자가 충분히 익을 수 있도록 불은 강하지 않게 조절해주세요.

참치야채전

어렸을 적 엄마가 저와 제 동생에게 자주 만들어주셨던 메뉴예요.
이 참치야채전만 있으면 밥 한 공기 뚝딱! 했던 기억이 나네요.

1 참치를 꾹 짜서 기름을 빼줍니다.
2 당근, 애호박, 양파를 잘게 다져주세요.
3 볼에 달걀을 넣고 알끈을 제거한 다음 소금을 약간만 넣고 곱게 풀어주세요.
4 3에 1, 2를 넣고 골고루 섞어줍니다.
5 달궈진 팬에 기름을 두르고 먹기 좋은 크기로 앞뒤 모두 노릇하게 부쳐주세요.

1~2회 먹을 수 있는 양

재료
☐ 참치 30g
☐ 애호박 10g
☐ 양파 10g
☐ 당근 5g
☐ 달걀 1개

양념
☐ 소금 약간

햄야채전

맛있는 햄이 쏙쏙!
야채를 편식하는 아이들도 맛있게 먹을 수 있는 반찬이에요.

1. 브로콜리는 깨끗이 씻은 다음 적당한 크기로 잘라 끓는 물에 데쳐 주세요.
2. 모든 재료를 먹기 좋은 크기로 다져줍니다.
3. 볼에 2의 재료와 양념 재료를 넣고 골고루 섞어주세요.
4. 달궈진 팬에 기름을 두른 다음 적당한 크기로 앞뒤 모두 노릇하게 부쳐주세요.

1~2회 먹을 수 있는 양

재료
☐ 햄 20g
☐ 양파 20g
☐ 당근 10g
☐ 브로콜리 10g
☐ 애호박 10g

양념
☐ 밀가루 또는 부침가루 3T
☐ 물 3T
☐ 소금 약간

PART 4. 반찬 & 간식

맛이 약한 매생이에 홍합살을 넣어 더욱 맛있게 만든 전이에요.
홍합살을 그대로 부쳐주니 맛도 모양도 더욱 좋더라고요.

홍합매생이전

1. 건매생이는 흐르는 물에 씻어서 풀어주세요.

2. 매생이를 체에 받치고 뜨거운 물을 부어 부드럽게 만들어줍니다.

3. 볼에 달걀을 넣고 알끈을 제거한 다음 곱게 풀어주세요.

4. 3에 매생이, 양념을 넣고 골고루 섞어줍니다.

5. 달궈진 팬에 기름을 두르고 4의 반죽을 올려 동글납작하게 만든 뒤, 홍합살을 올려주세요.

6. 5를 앞뒤로 노릇하게 부쳐주세요.

 홍합살을 잘게 다져주거나 새우살, 게살, 오징어 등을 넣어도 좋아요!

1~2회 먹을 수 있는 양

재료
☐ 홍합 10알
☐ 건매생이 1g
☐ 달걀노른자 1개

양념
☐ 밀가루 또는 부침가루 2½T
☐ 물 2T
☐ 소금 약간

당근달걀찜

아이가 당근을 편식한다면 이 달걀찜에 도전해보세요!
서현이는 당근을 좋아해서 자주 만들어주는 메뉴랍니다.
당근을 넣어 색도 더 곱고 영양도 더욱 풍부해졌어요.

1. 볼에 달걀을 넣고 알끈을 제거한 뒤 곱게 풀어주세요.
2. 당근을 깨끗이 씻어 믹서기에 넣고 소량의 물과 함께 곱게 갈아줍니다.
3. 찜기 사용이 가능한 용기에 1, 2와 육수, 소금 약간을 넣고 골고루 섞은 다음 찜기에 쪄주세요.

1회 먹을 수 있는 양

재료
☐ 당근 30g
☐ 달걀 1개
☐ 물 또는
   멸치다시마육수 50ml

양념
☐ 소금 약간

PART 4. 반찬 & 간식

오래 끓이면 끓일수록 야들야들 맛있는 등갈비찜!
뼈에 붙은 살이 쏙~하고 떨어질 만큼 부드럽게 만들어서
서현이 손에 쥐여주면, 늘 야무지게 뜯어먹는 우리 집 단골 메뉴랍니다.

돼지등갈비찜

1 등갈비를 뼈 마디마디 잘라 볼에 담고, 등갈비가 잠길 때까지 물을 부은 다음 1시간 이상 두어 핏물을 빼줍니다.

2 감자와 당근은 먹기 좋은 크기로 자른 뒤, 모서리를 둥글게 돌려서 깎아주세요.

3 냄비①에 물을 붓고 물이 끓어오르면 삶는물 재료를 넣고 핏물 뺀 등갈비를 넣어줍니다.

4 등갈비의 겉면이 익을 정도로만 데치듯이 삶아 불순물과 잡내를 제거하고 건져주세요.

5 냄비②에 2, 4, 양념을 넣고 끓여줍니다.

6 등갈비에 양념이 배기 시작하면 불을 약하게 줄이고 충분히 조려주세요.

온 가족이 먹을 수 있는 양

재료
☐ 등갈비 800g
☐ 감자 1개
☐ 당근 1/2개

삶는물 재료
☐ 월계수잎 5장
☐ 통후추 20알
☐ 된장 1T

양념
☐ 물 1L
☐ 간장 3T
☐ 올리고당 4T
☐ 맛술 1T
☐ 다진마늘 1t
☐ 다진파 2t
☐ 참기름 1t
☐ 다진생강 1/4t

소고기에 두부를 넣어 더욱 부드럽게 만든 완자입니다.
완자는 어린 개월 수의 아이도 충분히 먹을 수 있어요.
한입 크기로 만들기보다는 살짝 크게 만들어서 손에 쥐고 베어먹을 수 있도록 해보세요.

소고기두부완자

1. 소고기는 물에 담그거나 키친타월로 꾹꾹 눌러 핏물을 제거해주세요.

2. 핏물 뺀 소고기와 양파를 잘게 다져줍니다.

3. 두부는 면보자기를 이용해서 물기를 짠 뒤, 칼등으로 으깨주세요.

4. 볼에 2, 3을 담고 전분가루와 소금 약간을 넣은 다음 골고루 섞어주세요.

5. 완자 반죽을 조금씩 떼어내 먹기 좋은 크기로 둥글게 빚어줍니다.

6. 찜기에 면 보자기 또는 종이 포일을 깔고 그 위에 완자를 올려 쪄주세요.

소고기와 양파가 잘 익을 정도로만 쪄주세요. 찌는 시간이 길어지면 완자가 으스러질 수 있으니 주의하세요!

2~3회 먹을 수 있는 양

재료
☐ 소고기 100g
☐ 두부 50g
☐ 양파 30g

양념
☐ 전분가루 1T
☐ 소금 약간

새우오징어완자

새우살과 오징어살로 만든 간단한 완자예요.
넉넉하게 만들어서 냉동실에 넣어두면 완자 자체로도 좋은 반찬이 된답니다.
이 완자를 튀김으로 만들거나 국에 넣어주면 색다르게 맛볼 수도 있어요.

2~3회 먹을 수 있는 양

재료
☐ 새우살 50g
☐ 오징어 50g
☐ 당근 10g
☐ 애호박 10g

양념
☐ 전분가루 1T
☐ 소금 약간

1 새우는 머리, 껍질, 내장을 제거한 다음 살을 잘게 썰어주세요.
2 오징어를 믹서기에 갈아주거나, 칼로 잘게 다져줍니다.
3 당근, 애호박을 잘게 다져주세요.
4 볼에 1, 2, 3을 담고 전분가루와 소금을 약간만 넣어줍니다.
5 완자 반죽을 골고루 잘 섞어가며 치대주세요.
6 완자 반죽을 조금씩 떼어내 먹기 좋은 크기로 둥글게 빚어줍니다.
7 찜기에 면 보자기 또는 종이 포일을 깔고 그 위에 완자를 올려 쪄주세요.

순두부달걀찜

서현이가 유아식 때 처음으로 먹었던 보들보들한 식감의 달걀찜이에요.
간을 시작하지 않은 아이는 새우젓을 빼고 만들어주세요.

1. 볼에 달걀을 넣고 알끈을 제거한 뒤, 곱게 풀어주세요.
2. 양파는 잘게 다지고, 순두부는 잘게 으깨줍니다.
3. 찜기 사용이 가능한 용기에 1과 2 그리고 양념을 넣고 골고루 섞은 다음 찜기에 쪄주세요.

서현이네 꿀팁! 순두부에 수분이 많아서 물은 따로 넣지 않습니다!

1회 먹을 수 있는 양

재료
- 순두부 50g
- 달걀 1개
- 양파 15g

양념
- 새우젓 약간
- 참기름 약간

치즈달걀단호박찜

단호박의 속을 파서 계란과 치즈를 채워 익히는 간단한 요리예요.
만드는 방법은 간단하지만, 맛은 최고랍니다.
맛있는 밤단호박을 골라서 만들어주세요!

1 미니단호박을 깨끗이 씻은 다음 윗면을 자르고 속을 파주세요.
2 볼에 달걀을 넣고 알끈을 제거한 뒤, 소금을 약간만 넣고 곱게 풀어줍니다.
3 1에 2와 모짜렐라치즈를 채워 넣고 찜기에 쪄주세요.

2~3회 먹을 수 있는 양

재료
☐ 미니단호박 1개
☐ 달걀 1개
☐ 모짜렐라치즈 15g

양념
☐ 소금 약간

튀김

생선을 좋아하지 않았던 서현이에게 만들어준 메뉴예요.
바삭한 튀김옷을 입혀 소스를 골고루 버무려주니 한입에 쏙! 맛있게 잘 먹더라고요.
생선을 더 특별하고 맛있게 먹이고 싶은 날은 항상 이 가자미탕수어를 만들어준답니다.

가자미탕수어

1. 가자미살을 먹기 좋은 크기로 썰어준 다음 밑간 양념에 넣고 30분 간 재워줍니다.

2. 밑간한 가자미는 물기를 제거하고 전분가루를 골고루 묻혀주세요.

3. 달궈진 팬에 기름을 넉넉히 붓고 2를 튀기듯 부쳐줍니다.

4. 양파, 파프리카, 당근을 먹기 좋은 크기로 썰어주세요.

5. 냄비에 전분물 제외한 소스 재료와 4를 넣고 팔팔 끓이다가 전분 물을 부어 걸쭉하게 만들어줍니다.

6. 5에 3의 튀긴 가자미를 넣고 골고루 섞어주세요. 또는 소스를 찍 어서 먹을 수 있게 따로 담아주세요.

 삼치, 고등어, 연어, 도미 등등으로 대체해도 맛있답니다!

1회 먹을 수 있는 양

재료
☐ 손질 가자미살 40g
☐ 양파 15g
☐ 파프리카 10g
☐ 당근 10g
☐ 전분가루 1/2컵

소스
☐ 간장 1½t
☐ 올리고당 1t
☐ 케첩 2t
☐ 식초 1/4t
☐ 물 150ml
☐ 전분물 2t

밑간
☐ 청주 50ml
☐ 소금 약간
☐ 후추 약간

PART 4. 반찬 & 간식

겉은 바삭! 속은 촉촉하고 부드러운~ 감자로 만든 크로켓이에요!
아이가 평소 잘 먹지 않았던 야채가 있으면 넣어줘도 좋아요.
밥반찬으로도 좋고 간식으로도 좋은 메뉴랍니다.

감자크로켓

1 감자는 껍질을 제거한 다음 적당한 크기로 썰어 찜기에 찐 뒤 으깨주세요.

2 당근, 양파는 잘게 다져줍니다.

3 달궈진 팬에 기름을 두르고 2를 볶아 수분을 날리며 익혀주세요.

4 볼①에 1, 3과 소금을 약간 넣고 골고루 섞은 다음 아이가 먹기 좋은 크기로 빚어줍니다.

5 볼②에 달걀을 넣고 알끈을 제거한 뒤, 곱게 풀어주세요.

6 4에 밀가루-달걀-빵가루를 순서대로 묻혀줍니다.

7 달궈진 팬에 기름을 넉넉히 붓고 앞뒤로 노릇하고 바삭하게 튀겨주세요.

1~2회 먹을 수 있는 양

재료
☐ 감자 80g
☐ 양파 20g
☐ 당근 15g
☐ 달걀 1개

양념
☐ 밀가루 2~3T
☐ 빵가루 2~3T
☐ 소금 약간

둥근 모양, 길쭉한 모양 등 다양한 모양으로 크로켓을 만들면 아이가 놀면서 먹을 수 있어요!

두부강정

한입에 쏙~ 맛있게 먹을 수 있는 두부 요리예요.
닭강정을 떠올리다가 만들게 된 메뉴랍니다!

1 두부를 먹기 좋은 크기로 깍둑 썰고 물기를 제거해주세요.
2 양념장을 만들어줍니다.
3 1에 밀가루를 골고루 묻혀주세요.
4 달궈진 팬에 기름을 두르고 3을 굴려 가며 노릇하게 부쳐줍니다.
5 양념장에 부친 두부를 넣고 골고루 버무려주세요.

1~2회 먹을 수 있는 양

재료
☐ 두부 100g
☐ 밀가루 또는
  부침가루 3~4T

양념
☐ 케첩 2t
☐ 올리고당 2t
☐ 간장 1/2t
☐ 다진마늘 약간

두부인절미

고소하고 달콤한 맛과 바삭하고 촉촉한 식감이 어우러진 맛있는 두부인절미!
떡 대신 두부로 간단하게 만들어서 아이들이 더 잘 먹는 메뉴랍니다.
밥반찬, 간식으로 아주 좋아요~!

1 두부를 먹기 좋은 크기로 깍둑썰기하고 물기를 제거해주세요.

2 두부에 전분가루를 골고루 묻혀줍니다.

3 달궈진 팬에 기름을 넉넉하게 두르고 2의 두부를 튀기듯 부쳐주세요.

4 튀긴 두부를 볼에 담아 한 김 식힌 뒤 콩가루, 조청을 넣고 골고루 섞어줍니다.

서현이네 꿀팁! 깨를 갈아 넣으면 더욱 고소한 맛을 느낄 수 있어요!

1~2회 먹을 수 있는 양

재료
☐ 두부 100g
☐ 전분가루 2T

양념
☐ 콩가루 1T
☐ 조청 또는
   올리고당 1T

PART 4. 반찬 & 간식

바삭하게 튀긴 새우에 고소하면서도
새콤달콤한 소스를 뿌려서 맛을 더했어요!

레몬크림새우

1 볼에 새우살, 밑간 양념을 넣고 20분간 재워줍니다.

2 소스와 반죽물을 만들어주세요.

3 밑간한 새우에 반죽물을 골고루 묻혀줍니다.

4 달궈진 팬에 기름을 넉넉히 두른 다음 3을 튀겨주세요.

5 4를 볼에 담고 소스를 부어 골고루 버무려줍니다.

 서현이네 꿀팁! 새우, 오징어, 생선 모두 잘 어울려요!

1~2회 먹을 수 있는 양

재료
☐ 새우살 40g

밑간 양념
☐ 청주 1T
☐ 소금 약간
☐ 후추 약간

반죽물
☐ 밀가루 또는
  부침가루 2T
☐ 물 2½T

소스
☐ 우유 1t
☐ 올리고당 2½t
☐ 마요네즈 1/2t
☐ 레몬즙 1/2t

PART 4. 반찬 & 간식

배추에 고기를 돌돌 말아서 만드는 재미와 먹는 재미를 더했어요!
보기보다 어렵지도 않답니다.

배추롤까스

1 돼지고기를 얇게 두드린 다음 밑간 양념에 넣고 30분간 재워주세요.

2 볼에 달걀을 넣고 알끈을 제거한 뒤, 곱게 풀어줍니다.

3 끓는 물에 배추이파리를 넣고 살짝 데친 다음 물기를 제거해주세요.

4 데친 배추이파리 3장을 끝부분이 겹치게 쭉 펼친 뒤, 전분가루를 뿌리고 1의 고기를 올려 돌돌 말아줍니다.

5 4에 밀가루–달걀물–빵가루 순서대로 묻혀주세요.

6 달궈진 팬에 기름을 넉넉하게 두르고 5를 굴려 가며 튀기듯 부쳐줍니다.

7 알맞게 익으면 먹기 좋은 크기로 썰어주세요.

2~3회 먹을 수 있는 양

재료
☐ 돈가스용 돼지고기 100g
☐ 알배기 배추이파리 3장
☐ 달걀 1개

고기 밑간
☐ 청주 50ml
☐ 소금 약간
☐ 후추 약간

양념
☐ 전분가루 2T
☐ 밀가루 2T
☐ 빵가루 2T

새우오징어완자튀김

쫄깃하고 부드러운 완자에 바삭한 튀김옷을 입혀주면
더욱더 맛있고 색다른 맛을 느낄 수 있어요!
서현이는 완자보다 완자로 만든 튀김을 더욱 좋아한답니다.

1~2회 먹을 수 있는 양
(새우오징어완자 248p. 참고)

재료
- 새우오징어완자 6개
- 달걀 1/2개
- 밀가루 2/3컵
- 빵가루 2/3컵

1. 볼에 달걀을 넣고 달걀의 알끈을 제거한 다음 곱게 풀어주세요.
2. 밀가루, 빵가루도 각각의 볼에 담아줍니다.
3. 완자에 밀가루 골고루 묻힌 뒤 달걀물을 묻히고 빵가루에 굴려주세요.
4. 달궈진 팬에 기름을 넉넉하게 두르고 완자를 튀겨주세요.

서현이네 꿀팁! 밀.달.빵. 튀김의 순서랍니다. 기억하기 쉽죠?^^

연근칩

아이에게 연근을 먹이기란 쉽지 않아요. 가장 대표적인 연근 요리는 연근조림이지만, 이 연근칩이 연근조림보다 훨씬 맛있답니다! 서현이는 연근칩을 과자보다 더 맛있게 먹어요~!

1~2회 먹을 수 있는 양

재료
- 연근 60g
- 전분가루 2/3컵
- 식초물
  (물 2컵 : 식초 2t)

1. 연근은 껍질을 벗긴 뒤 최대한 얇게 썰어주세요.
2. 연근을 식초물에 30분 이상 담갔다가 헹궈줍니다.
3. 연근의 물기를 잘 닦아준 다음 전분가루를 앞뒤로 골고루 묻혀주세요.
4. 달궈진 팬에 기름을 넉넉히 두르고 튀기듯 부쳐줍니다.

서현이네 꿀팁! 설탕이나 콩가루를 솔솔 뿌리고 버무려 먹어도 맛있답니다!

PART 4. 반찬 & 간식

어렸을 때 공룡 모양의 치킨너겟을 정말 좋아했어요!
그냥 먹어도 맛있고 케첩이나 머스타드 소스에 찍어 먹으면 더더욱 맛있었죠.
제가 좋아했던 그 치킨너겟의 맛을 우리 딸 서현이에게도 맛보여주고 싶어서 만들게 됐어요.
건강하게 만드는 엄마표 치킨너겟! 알고 보면 만드는 방법도 정말 쉽답니다!

치킨너겟

1. 닭안심살의 힘줄과 얇은 막을 제거한 다음 밑간을 하고 30분 이상 재워주세요.
2. 닭안심살을 믹서기에 곱게 갈아줍니다.
3. 갈아놓은 닭안심살을 동글납작하게 빚은 다음 반죽물을 묻혀주세요.
4. 달궈진 팬에 기름을 넉넉히 두르고 튀기듯 앞뒤로 노릇하게 구워줍니다.

 서현이네 꿀팁!

1. 2번 과정에서 닭안심살을 곱게 갈수록 식감이 더욱 부드러워져요!
2. 닭가슴살로 만들거나 취향에 따라 카레가루를 넣어도 좋아요!

2~3회 먹을 수 있는 양
(4~5cm 크기로 6개 정도)

재료
☐ 닭안심 150g

밑간
☐ 청주 50ml
☐ 후추 약간
☐ 소금 약간

반죽물
☐ 밀가루 또는 부침가루 4T
☐ 물 5T

해시브라운

바삭한 식감에 잘게 다진 감자가 부드럽게 씹히는 간단한 감자요리에요. 서현이는 이 해시브라운을 "감자까까"라고 부르며 맛있게 먹는답니다.

1. 감자를 깨끗이 씻은 다음 껍질을 벗겨주세요.
2. 감자 150g은 토막을 낸 뒤 찜기에 찌고, 100g은 다져줍니다.
3. 볼에 2의 찐감자를 넣고 으깨주세요.
4. 3에 다진 감자 100g과 양념을 넣고 골고루 섞은 다음 먹기 좋은 크기로 빚어줍니다.
5. 달궈진 팬에 기름을 넉넉하게 두르고 앞뒤로 노릇하게 튀기듯 부쳐주세요.

3회 이상 먹을 수 있는 양

재료
☐ 감자 250g

양념
☐ 전분가루 2T
☐ 소금 약간
☐ 후추 약간

에필로그

어느 날 사랑하는 딸 서현이를 위해 엄마인 제가 가장 잘 할 수 있는 일이 무엇인지 생각하게 되었어요. 곰곰 생각해보니 서현이에게 맛있고 균형 있는 식단으로 식사를 차려 건강한 아이로 무럭무럭 성장할 수 있도록 도와주고, 사랑을 듬뿍 받는 아이로 행복하게 키우는 일이 제가 가장 잘 할 수 있는 일이었어요. 그렇게 한 끼 한 끼에 정성을 다했습니다.

첫 번째 책을 출간했을 당시에 우리 서현이의 식사는 무염 또는 저염 위주의 식단이었어요. 그러다 보니 저희 부부의 식사와 서현이의 식사를 따로 차려야 했고, 이중으로 요리하는 시간이 버거울 때가 많았어요. 서현이가 성장하고 먹을 수 있는 것이 많아지면서 서현이의 식단은 전보다 간이 더 추가되어 맛도 더 좋아지고 입자도 더 커졌어요. 지금은 서현이도 함께 먹을 수 있는 식단으로 가족 밥상을 차리면서 버거운 마음도 덩달아 사라졌답니다. 서현이 덕분에 저희 부부도 함께 덜 자극적이고 건강한 밥상을 먹게 됐죠.

제가 만든 음식을 먹고~ 엄지손가락을 척 올리면서 "엄마 맛있어!", "여보 맛있다!"라고 말해주는 서현이와 서현이 아빠의 표정과 말 한마디에 오늘도 열심히 식단을 짜고 식사를 준비합니다. 우리 가족의 건강을 위해 영양가 있고 맛있는 밥상을 차리는 일은 언제나 행복해요.

그렇게 행복하고 뿌듯했던 순간들을 함께 했던 맛있는 음식들을 모아 책에 담았어요. 메뉴 선정, 레시피 작업, 사진 촬영까지! 하나하나 전부 제 손을 거쳐 완성된 책이랍니다. '오늘은 무슨 반찬을 만들까?' 고민하기 전에 먼저 꺼내 보는 그런 책이 되었으면 합니다.

세상에서 가장 소중하고 사랑하는 서현이와 서현이 아빠.
그리고 저에게 큰 힘이 되어주시고 제가 더욱 성장할 수 있도록 응원해주시는
가족, 인스타그램 팔로워, 독자분들께 진심으로 감사드립니다.

- 아빠 요리 레시피
- 냉장고 부착 궁합표
- Index

아내와 아이를 위해 요리하는 아빠가 되다!

매일 서현이의 끼니를 챙기느라 고군분투하는 서현이 엄마를 도와주고 싶고 또 서현이에게 아빠가 만든 요리를 먹이고 싶어서 간단한 요리를 시작하게 되었습니다. 살면서 요리라고는 라면과 볶음밥이 전부였던 제가, 가족을 위해 레시피를 찾고 요리한다는 게 처음에는 쉽지 않았지만 도전해보기로 했습니다. 서현이를 위한 첫 요리는 소고기, 야채, 밥, 달걀, 이 모두를 골고루 먹을 수 있는 밥전이었습니다. 서현이 엄마가 미리 전수해준 레시피로 알맞게 굽기만 하면 되는 요리였습니다. 요리가 익숙하지 않은 제가 뚝딱 만들기도 쉽고, 서현이도 잘 먹어주는 메뉴라서 가끔 해주곤 합니다.

제가 처음 밥전을 만들어준 날, 우리 서현이가 양손으로 잡고 맛있게 먹었던 그 모습은 정말 잊을 수가 없습니다. 훨훨 날아갈 듯한 기분에 100점짜리 시험지를 받은 느낌이었습니다. 잘 먹는 서현이를 보니 다른 요리에도 도전해보고 싶었습니다. 서현이 엄마의 마음과 수고스러움을 다시 한 번 느낄 수 있었고, 아내에게 더 잘 해줘야겠다는 생각이 들었습니다. 아마 모든 아빠가 그렇지 않을까 생각합니다.

그리고 그런 아빠들에게 아이와 아내에게 사랑받을 수 있는 레시피를 소개합니다. 제가 서현이에게 처음 해주었던 밥전보다도 아이들이 더 좋아할 만한 요리 3가지를 뽑았으니 아이에게 해준다면 분명 점수를 딸 좋은 기회가 될 것입니다.

- 서현이 아빠 드림 -

아빠 요리

미니단호박튀김

저와 서현이는 단호박을 정말 좋아합니다.
단호박은 달고 수분이 많아서 더욱 부드럽고 바삭바삭 맛있답니다.

1. 미니단호박을 깨끗이 씻은 다음 반으로 갈라 속을 파주세요.
2. 미니단호박을 얇게 썰어준 뒤 튀김가루를 앞뒤로 골고루 묻혀줍니다.
3. 반죽물을 만들어서 2에 묻혀주세요.
4. 달궈진 팬에 기름을 넉넉히 두르고 단호박을 앞뒤로 튀겨주세요.

서현이 아빠가 직접 요리했어요!

1~2회 먹을 수 있는 양

재료
☐ 미니단호박 80g
☐ 튀김가루 1T

반죽물
☐ 튀김가루 2T
☐ 물 2½t

서현이가 정말 좋아하는 간식입니다.
바삭하게 튀긴 식빵 안에는 치즈가 있어요.
너무 뜨거울 수도 있으니 주의하시기 바랍니다!

아빠 요리

식빵치즈스틱

서현이 아빠가 직접 요리했어요!

1~2회 먹을 수 있는 양

재료
☐ 식빵 3장
☐ 스트링치즈 3개
☐ 달걀 1개

1. 식빵의 겉면을 모두 잘라낸 다음 밀대로 밀어서 빵을 납작하게 만들어주세요.

2. 1의 끄트머리에 스트링치즈를 올려놓고 돌돌 말아줍니다.

3. 볼에 달걀을 넣고 알끈을 제거한 뒤 곱게 풀어주세요.

4. 2에 달걀물을 흠뻑 묻혀줍니다.

5. 달궈진 팬에 기름을 넉넉하게 두르고 4를 굴려 가며 익힌 다음 먹기 좋게 썰어주세요.

 서현이네 꿀팁!

1. 빵을 돌돌 말았을 때 고정되지 않고 풀어지면 랩에 감싸서 잠시 기다려주세요.
2. 스트링치즈 대신 슬라이스치즈를 돌돌 말아서 쓰셔도 됩니다.

삼색고구마볼

저와 서현이가 자주 만드는 메뉴입니다.
재료나 만드는 방법이 간단해서 촉감놀이 겸 간식 준비로 딱 좋습니다!
모양은 울퉁불퉁하지만, 고구마 자체로도 정말 맛있답니다.

1. 고구마는 껍질을 벗긴 다음 토막을 내서 찜기에 쪄주세요.
2. 카스텔라 빵을 체에 곱게 갈아줍니다.
3. 찐 고구마를 볼에 담고 으깬 뒤, 한 김 식혔다가 먹기 좋은 크기로 동글게 빚어주세요.
4. 3의 일부는 카스텔라 빵가루에 굴리고, 일부는 콩가루를 뿌리고, 일부는 검은깨에 살짝 찍어 세 가지로 만들어줍니다.

서현이네 꿀팁!
1. 고구마 대신 감자나 단호박을 사용해도 좋아요!
2. 고구마를 으깰 때 치즈를 넣으면 치즈고구마볼이 됩니다.

서현이 아빠가 직접 요리했어요!

1~2회 먹을 수 있는 양

재료
☐ 고구마 100g
☐ 카스텔라 빵 20g
☐ 콩가루 약간
☐ 검은깨 약간

냉장고 부착용 식재료 궁합표

냉장고에 붙여두고 어울리는 식재료끼리 조합해서 그때그때 적절한 궁합을 짜보세요!
그동안 공부도 하고 직접 요리도 해보면서 많은 시행착오를 겪으며 쌓은 노하우랍니다.
특히, 아이들이 싫어하는 식재료를 아이가 좋아하면서
궁합도 잘 맞는 식재료와 함께 조합할 때 유용하게 쓰여요!
절대적인 기준은 아니므로 참고만 해주세요.

서현맘이 알려주는 식재료 궁합

구분	식재료	좋은 궁합	나쁜 궁합
육류	닭고기	고구마, 녹두, 단호박, 당근, 대두, 부추, 브로콜리, 비트, 시금치, 양파, 인삼, 청경채, 콩나물, 키위, 표고버섯	검은깨, 자두
	돼지고기	감자, 무, 사과, 숙주, 전복, 콩나물, 키위, 표고버섯	도라지, 버터
	소고기	깻잎, 당근, 두부, 무, 미역, 배, 브로콜리, 송이버섯, 숙주, 시금치, 아욱, 애호박, 양배추, 참기름, 콩나물, 키위, 파인애플, 팽이버섯, 표고버섯	고구마, 밤, 부추
해산물	흰살생선	두부, 양배추	옥수수
	연어	양파, 파프리카	
	문어		고사리
	조개	레몬	옥수수
	새우	레몬, 부추, 아욱, 양배추, 양파, 완두콩, 표고버섯	전복
	꽃게		감, 귤, 대추, 땅콩, 참외
	전복	돼지고기	새우
	미역	두부, 소고기, 콩	대파
야채	감자	고구마, 돼지고기, 마, 부추, 애호박, 양송이버섯, 우유, 치즈	바나나, 토마토
	고구마	감자, 닭고기, 당근, 밤, 브로콜리, 사과, 양배추	감, 땅콩, 소고기, 토마토
	단호박	강낭콩, 달걀, 닭고기, 양파, 팥, 현미	
	당근	고구마, 달걀, 닭고기, 두부, 소고기, 시금치, 양파	무, 양배추, 오이
	대파	명태, 배, 생강	꿀, 두부, 미역

구분	식재료	좋은 궁합	나쁜 궁합
야채	마늘	느타리버섯, 생선	꿀
	부추	감자, 굴, 닭고기, 된장, 새우, 시금치, 옥수수	소고기
	브로콜리	고구마, 귤, 꽃게, 닭고기, 바나나, 소고기, 아몬드, 양파, 치즈, 토마토, 호두	
	시금치	달걀, 당근, 돼지고기, 바나나, 부추, 사과, 소고기, 양파, 참깨	근대, 두부, 멸치
	양배추	고구마, 사과, 새우, 오징어, 우유, 자몽, 콩, 콩나물, 파인애플, 호박, 흰살생선	당근
	양송이버섯	감자, 치즈	
	양파	단호박, 닭고기, 당근, 브로콜리, 사과, 시금치, 애호박, 양고기, 연어, 오미자, 치즈, 콩나물	
	연근	검은깨	
	오이	달걀, 배, 사과, 파래	곤약, 당근, 대추, 땅콩, 무
	우엉	파프리카	바지락
	애호박	감자, 달걀, 소고기, 양파	
	토마토	브로콜리, 석류, 수박, 아보카도, 아스파라거스, 오렌지, 올리브유	감자, 고구마, 설탕
	표고버섯	닭고기, 돼지고기, 새우, 소고기	
과일	대추	생강, 파	꽃게, 무, 오이, 우유
	바나나	브로콜리, 우유, 호박, 멜론, 아보카도, 파인애플, 레몬, 시금치	감자
	배	꿀, 대파, 소고기, 오이	
	사과	고구마, 돼지고기, 바나나, 시금치, 양배추, 양파, 오이, 포도	
	레몬	굴, 녹차, 바나나, 새우, 조개	
기타 (곡류, 알류, 유제품)	달걀	단호박, 당근, 미역, 시금치, 애호박, 양파, 오이, 청경채, 토마토, 피망, 현미	
	완두콩	밀, 새우	
	옥수수	부추, 우유	조개, 흰살생선
	우유	감자, 바나나, 양배추, 옥수수	대추
	치즈	감자, 브로콜리, 양송이버섯, 양파	
	콩나물	돼지고기, 소고기, 양배추, 양파	
	현미	다시마, 단호박, 달걀, 무, 쑥, 율무	

Index 가나다순

ㄱ

가자미맑은국	88
가자미미역국	90
가자미탕수어	252
가지덮밥	47
가지볶음	138
가지전	213
간장닭꼬치	182
간장진미채볶음	174
감자달걀샐러드	131
감자들깨칼국수	80
감자양파조림	192
감자크로켓	254
감자크림수프	92
건새우볶음	140
검은깨고구마죽	71
게살야채전	214
고구마간장찜닭	194
고구마단호박찹쌀전	216
고등어조림	191
관자버터구이	184
김볶음	142

ㄴ

느타리버섯볶음	143

ㄷ

단호박크림떡볶이	144
달걀감잣국	93
달걀야채죽	72
닭고기부추들깨탕	94
닭곰탕	96
닭날개조림	196
닭날개카레조림	198
닭다리살야채볶음	146
닭백숙	98
닭봉갈릭버터구이	186
닭안심동그랑땡	218
당근달걀찜	243
당근볶음	148
당근조림	199
돼지고기가지밥	35
돼지고기당면볶음	150
돼지고기된장볶음	149
돼지고기숙주볶음	152
돼지고기순두붓국	100
돼지등갈비찜	244
돼지불고기	154
두부강정	256
두부새우전	220
두부인절미	257
두부콩국수	79

ㄹ

레몬크림새우	258

ㅁ

매생이굴떡국	102

메추리알조림	200
멸치칼국수	81
명란달걀볶음밥	38
명란두붓국	104
무나물	155
무조림	201
무채굴밥	36
무채콩가루된장국	101
미니단호박튀김	271

ㅂ

바지락칼국수	82
밤단호박조림	202
배추롤까스	260
배추어묵국	106
백김치햄볶음밥	40
부추햄달걀볶음	156
브로콜리들깨볶음	158
브로콜리마늘볶음	160
브로콜리맛살두부볶음	161
브로콜리옥수수전	224

ㅅ

삼색고구마볼	274
삼치조림	204
새송이버섯버터간장조림	208
새우감자볶음밥	41
새우뭇국	107
새우미역전	222
새우부추밥전	66
새우오징어완자	248

새우오징어완자튀김	262
새우완자달걀국	108
새우청경채맑은국	109
소고기감잣국	110
소고기근대된장국	120
소고기단호박죽	74
소고기두부완자	246
소고기두부조림	206
소고기방울양배추덮밥	48
소고기배추들깨된장국	112
소고기볶음국수	84
소고기비트카레덮밥	58
소고기아보카도김밥	64
소고기애호박들깨볶음	162
소고기야채밥전	67
소고기양송이덮밥	50
소고기연근전	226
소고기완자덮밥	56
소고기육전	225
소고기전복미역국	114
소고기촙스테이크	163
소고기카레볶음밥	42
소고기콩나물국	116
소고기콩나물볶음밥	43
숙주나물무침	132
순두부굴국	118
순두부달걀찜	249
시금치닭안심카레덮밥	60
시금치연어리소토	57
식빵치즈스틱	272
쑥갓전	228

ㅇ

애호박새우젓국	121
애호박새우젓볶음	164
애호박전	232
야채달걀말이	230
야채톳밥	37
양배추게살덮밥	52
양배추볶음	168
양배추햄볶음	166
양송이간장조림	210
양송이청경채볶음	169
어묵달걀볶음밥	44
어묵볶음	170
어묵콩나물국	122
연근조림	209
연근칩	263
오이새콤무침	134
오징어감자전	233
오징어덮밥	54
오징어볶음	172
오징어표고버섯밥전	70

ㅈ

전복버터김볶음밥	46

ㅊ

참치깻잎밥전	68
참치야채전	238
청경채달걀말이	234
청포묵김무침	133
치즈감자채전	236

치즈달걀단호박찜	250
치킨너겟	264

ㅋ

캐슈너트멸치볶음	176
콩비지국	123

ㅌ

톳두부무침	136
톳새우카레덮밥	62

ㅍ

파프리카새송이버섯볶음	178
팽이버섯아욱된장국	124
표고버섯들깨볶음	179

ㅎ

함박스테이크	188
해시브라운	266
햄야채전	239
햄어묵케첩볶음	180
홍합매생이전	240
홍합미역국	125
황태감잣국	126
황태두부미역죽	76

Index 재료별

육류

닭고기

간장닭꼬치 182, 고구마간장찜닭 194, 닭고기부추들깨탕 94, 닭곰탕 96, 닭날개조림 196, 닭날개카레조림 198, 닭다리살야채볶음 146, 닭백숙 98, 닭봉갈릭버터구이 186, 닭안심동그랑땡 218, 시금치닭안심카레덮밥 60, 치킨너겟 264

돼지고기

돼지고기가지밥 35, 돼지고기당면볶음 150, 돼지고기된장볶음 149, 돼지고기숙주볶음 152, 돼지고기순두붓국 100, 돼지등갈비찜 244, 돼지불고기 154, 배추롤까스 260, 함박스테이크 188

소고기

소고기감잣국 110, 소고기근대된장국 120, 소고기단호박죽 74, 소고기두부완자 246, 소고기두부조림 206, 소고기방울양배추덮밥 48, 소고기배추들깨된장국 112, 소고기볶음국수 84, 소고기비트카레덮밥 58, 소고기아보카도김밥 64, 소고기애호박들깨볶음 162, 소고기야채밥전 67, 소고기양송이덮밥 50, 소고기연근전 226, 소고기완자덮밥 56, 소고기육전 225, 소고기전복미역국 114, 소고기촙스테이크 163, 소고기카레볶음밥 42, 소고기콩나물국 116, 소고기콩나물볶음밥 43, 함박스테이크 188

햄

백김치햄볶음밥 40, 부추햄달걀볶음 156, 양배추햄볶음 166, 햄야채전 239, 햄어묵케첩볶음 180

해산물

생선

가자미맑은국 88, 가자미미역국 90, 가자미탕수어 252, 고등어조림 191, 명란달걀볶음밥 38, 명란두붓국 104, 삼치조림 204, 시금치연어리소토 57, 캐슈너트멸치볶음 176, 황태감잣국 126, 황태두부미역죽 76

조개

가자미미역국 90, 매생이굴떡국 102, 무채굴밥 36, 바지락칼국수 82, 순두부굴국 118, 홍합매생이전 240, 홍합미역국 125

새우&건새우가루

건새우볶음 140, 두부새우전 220, 레몬크림새우 258, 명란달걀볶음밥 38, 새우감자볶음밥 41, 새우뭇국 107, 새우미역전 222, 새우부추밥전 66, 새우오징어완자 248, 새우오징어완자튀김 262, 새우완자달걀국 108, 새우청경채맑은국 109, 애호박전 232, 톳새우카레덮밥 62, 팽이버섯아욱된장국 124

오징어

간장진미채볶음 174, 새우오징어완자 248, 새우오징어완자튀김 262, 새우완자달걀국 108, 오징어감자전 233, 오징어덮밥 54, 오징어볶음 172, 오징어표고버섯밥전 70

미역

가자미미역국 90, 새우미역전 222, 소고기전복미역국 114, 홍합미역국 125, 황태두부미역죽 76

어묵

배추어묵국 106, 어묵달걀볶음밥 44, 어묵볶음 170, 어묵콩나물국 122, 햄어묵케첩볶음 180

김

소고기아보카도김밥 64, 전복버터김볶음밥 46, 김볶음 142, 청포묵김무침 133

게살

게살야채전 214, 양배추게살덮밥 52

매생이

매생이굴떡국 102, 홍합매생이전 240

톳

야채톳밥 37, 톳두부무침 136, 톳새우카레덮밥 62

전복

전복버터김볶음밥 46, 소고기전복미역국 114

관자

관자버터구이 184

야채

감자

감자달걀샐러드 131, 감자들깨칼국수 80, 감자양파조림 192, 감자크로켓 254, 감자크림수프 92, 달걀감잣국 93, 돼지등갈비찜 244, 새우감자볶음밥 41, 소고기감잣국 110, 시금치닭안심카레덮밥 60, 오징어감자전 233, 치즈감자채전 236, 콩비지국 123, 해시브라운 266, 황태감잣국 126

고구마

검은깨고구마죽 71, 고구마간장찜닭 194, 고구마단호박찹쌀전 216, 삼색고구마볼 274

당근

가자미탕수어 252, 감자크로켓 254, 게살야채전 214, 고구마간장찜닭 194, 느타리버섯볶음 143, 달걀야채죽 72, 닭날개카레조림 198, 닭안심동그랑땡 218, 당근달걀찜 243, 당근볶음 148, 당근조림 199, 돼지고기된장볶음 149, 돼지등갈비찜 244, 돼지불고기 154, 두부새우전 220, 멸치칼국수 81, 바지락칼국수 82, 백김치햄볶음밥 40, 새우부추밥전 66, 새우오징어완자 248, 소고기볶음국수 84, 소고기비트카레덮밥 58, 소고기야채밥전 67, 소고기카레볶음밥 42, 소고기콩나물볶음밥 43, 숙주나물무침 132, 시금치닭안심카레덮밥

60, 쑥갓전 228, 애호박새우젓볶음 164, 야채달걀말이 230, 야채톳밥 37, 어묵볶음 170, 오징어덮밥 54, 오징어볶음 172, 오징어표고버섯밥전 70, 전복버터김볶음밥 46, 참치야채전 238, 톳새우카레덮밥 62, 햄야채전 239

크 188, 햄야채전 239, 햄어묵케첩볶음 180, 황태감잣국 126

애호박

감자들깨칼국수 80, 게살야채전 214, 달걀야채죽 72, 닭다리살야채볶음 146, 닭안심동그랑땡 218, 돼지고기된장볶음 149, 돼지고기순두붓국 100, 돼지불고기 154, 두부새우전 220, 멸치칼국수 81, 명란두붓국 104, 바지락칼국수 82, 백김치햄볶음밥 40, 새우부추밥전 66, 새우오징어완자 248, 소고기볶음국수 84, 소고기비트카레덮밥 58, 소고기애호박들깨볶음 162, 소고기야채밥전 67, 소고기카레볶음밥 42, 애호박새우젓국 121, 애호박새우젓볶음 164, 애호박전 232, 야채달걀말이 230, 야채톳밥 37, 오징어덮밥 54, 오징어볶음 172, 참치깻잎밥전 68, 참치야채전 238, 콩비지국 123, 햄야채전 239

양파

가자미탕수어 252, 가지볶음 138, 감자들깨칼국수 80, 감자양파조림 192, 감자크로켓 254, 감자크림수프 92, 게살야채전 214, 고구마간장찜닭 194, 고등어조림 191, 느타리버섯볶음 143, 단호박크림떡볶이 144, 닭고기부추들깨탕 94, 닭곰탕 96, 닭날개카레조림 198, 닭다리살야채볶음 146, 닭안심동그랑땡 218, 돼지고기가지밥 35, 돼지고기당면볶음 150, 돼지고기된장볶음 149, 돼지고기순두붓국 100, 돼지불고기 154, 두부새우전 220, 바지락칼국수 82, 백김치햄볶음밥 40, 브로콜리들깨볶음 158, 새우감자볶음밥 41, 새우미역전 222, 새우부추밥전 66, 소고기두부완자 246, 소고기방울양배추덮밥 48, 소고기볶음국수 84, 소고기비트카레덮밥 58, 소고기야채밥전 67, 소고기양송이덮밥 50, 소고기연근전 226, 소고기촙스테이크 163, 소고기카레볶음밥 42, 순두부달걀찜 249, 시금치닭안심카레덮밥 60, 시금치연어리소토 57, 쑥갓전 228, 애호박새우젓국 121, 애호박새우젓볶음 164, 애호박전 232, 야채달걀말이 230, 양배추게살덮밥 52, 양송이청경채볶음 169, 어묵달걀볶음밥 44, 어묵볶음 170, 오징어감자전 233, 오징어덮밥 54, 오징어볶음 172, 오징어표고버섯밥전 70, 전복버터김볶음밥 46, 참치야채전 238, 콩비지국 123, 톳새우카레덮밥 62, 함박스테이

브로콜리

단호박크림떡볶이 144, 브로콜리들깨볶음 158, 브로콜리마늘볶음 160, 브로콜리맛살두부볶음 161, 브로콜리옥수수전 224, 소고기양송이덮밥 50, 톳새우카레덮밥 62, 햄야채전 239

배추 & 양배추

배추롤까스 260, 배추어묵국 106, 소고기방울양배추덮밥 48, 소고기배추들깨된장국 112, 양배추게살덮밥 52, 양배추볶음 168, 양배추햄볶음 166

버섯
가자미맑은국 88, 감자들깨칼국수 80, 느타리버섯볶음 143, 달걀야채죽 72, 돼지고기당면볶음 150, 돼지불고기 154, 새송이버섯버터간장조림 208, 새우감자볶음밥 41, 소고기볶음국수 84, 소고기양송이덮밥 50, 양송이간장조림 210, 양송이청경채볶음 169, 오징어표고버섯밥전 70, 파프리카새송이버섯볶음 178, 팽이버섯아욱된장국 124, 표고버섯들깨볶음 179, 함박스테이크 188

시금치
시금치닭안심카레덮밥 60, 시금치연어리소토 57

부추
닭고기부추들깨탕 94, 닭백숙 98, 부추햄달걀볶음 156, 새우부추밥전 66, 청포묵김무침 133

파프리카
가자미탕수어 252, 닭다리살야채볶음 146, 소고기촙스테이크 163, 파프리카새송이버섯볶음 178

단호박
고구마단호박찹쌀전 216, 단호박크림떡볶이 144, 미니단호박튀김 271, 밤단호박조림 202, 소고기단호박죽 74, 치즈달걀단호박찜 250

무
고등어조림 191, 닭곰탕 96, 무나물 155, 무조림 201, 무채굴밥 36, 무채콩가루된장국 101, 새우뭇국 107, 순두부굴국 118

아보카도
소고기아보카도김밥 64

오이
감자달걀샐러드 131, 두부콩국수 79, 오이새콤무침 134

콩나물
가자미맑은국 88, 소고기콩나물국 116, 소고기콩나물볶음밥 43, 어묵콩나물국 122

청경채
새우청경채맑은국 109, 양송이청경채볶음 169, 청경채달걀말이 234

비트
소고기비트카레덮밥 58

쑥갓
가자미맑은국 88, 쑥갓전 228

연근
소고기연근전 226, 연근조림 209, 연근칩 263

숙주
돼지고기숙주볶음 152, 숙주나물무침 132

가지

가지덮밥 47, 가지볶음 138, 가지전 213, 돼지고기가지밥 35

검은깨

검은깨고구마죽 71, 삼색고구마볼 274

그 외 곡류, 알류 등

달걀

가지전 213, 감자달걀샐러드 131, 감자크로켓 254, 게살야채전 214, 달걀감잣국 93, 달걀야채죽 72, 닭안심동그랑땡 218, 당근달걀찜 243, 명란달걀볶음밥 38, 배추롤까스 260, 부추햄달걀볶음 156, 새우부추밥전 66, 새우오징어완자튀김 262, 새우완자달걀국 108, 소고기야채밥전 67, 소고기연근전 226, 소고기육전 225, 순두부달걀찜 249, 식빵치즈스틱 272, 야채달걀말이 230, 어묵달걀볶음밥 44, 오징어표고버섯밥전 70, 참치깻잎밥전 68, 참치야채전 238, 청경채달걀말이 234, 치즈달걀단호박찜 250, 홍합매생이전 240

두부&순두부

닭안심동그랑땡 218, 돼지고기순두붓국 100, 두부강정 256, 두부새우전 220, 두부인절미 257, 두부콩국수 79, 명란두붓국 104, 브로콜리맛살두부볶음 161, 소고기두부완자 246, 소고기두부조림 206, 소고기배추들깨된장국 112, 순두부굴국 118, 순두부달걀찜 249, 애호박새우젓국 121, 톳두부무침 136, 팽이버섯아욱된장국 124, 황태두부미역죽 76

옥수수

브로콜리옥수수전 224

메추리알

메추리알조림 200

콩비지

콩비지국 123

묵

청포묵김무침 133

한 그릇 싹~ 비우는 서현이네 유아식

초판 1쇄 발행 2020년 9월 28일
초판 11쇄 발행 2023년 5월 31일

지은이 한온유
펴낸이 권기대

펴낸곳 베가북스 **출판등록** 2021년 6월 18일 제2021-000108호
주소 (07269) 서울특별시 영등포구 양산로17길 12, 후민타워 6~7층
주문·문의 전화 (02)322-7241 팩스 (02)322-7242

ISBN 979-11-90242-61-5

이 책의 저작권은 지은이와 베가북스가 소유합니다. 신저작권법에 의하여 한국 내에서 보호받는 저작물이므로 무단 전재와 복제를 금합니다. 이 책 내용의 전부 또는 일부를 이용하려면 반드시 저작권자의 서면 동의를 받아야 합니다.

※ 책값은 뒤표지에 있습니다.
※ 잘못된 책은 구입하신 서점에서 바꾸어 드립니다.
※ 좋은 책을 만드는 것은 바로 독자 여러분입니다.
 베가북스는 독자 의견에 항상 귀를 기울입니다. 베가북스의 문은 항상 열려 있습니다.
 원고 투고 또는 문의사항은 vega7241@naver.com으로 보내주시기 바랍니다.
※ 베가북스에 대한 더 많은 정보가 필요하신 분은 홈페이지를 방문해주시기 바랍니다.

e-Mail vegabooks@naver.com **홈페이지** www.vegabooks.co.kr
블로그 http://blog.naver.com/vegabooks
인스타그램 @vegabooks **페이스북** @VegaBooksCo